Umberto Eco
Mein verrücktes Italien

Umberto Eco

Mein verrücktes Italien

Verstreute Notizen aus vierzig Jahren

Aus dem Italienischen
von Burkhart Kroeber

Verlag Klaus Wagenbach   Berlin

Ausgewählt von Klaus Wagenbach. Für die Auswahl wurden sämt-
liche auf deutsch erschienenen Bücher herangezogen und außerdem
zahlreiche Texte neu aus dem Italienischen übersetzt;
siehe auch das Quellenverzeichnis auf Seite 123.

Wagenbachs Taschenbuch 370
8. Auflage 2010

Lizenzausgabe mit freundlicher Genehmigung
des Carl Hanser Verlags, München/Wien
© 2000 Carl Hanser Verlag, München/Wien
© 2000 für diese Ausgabe: Verlag Klaus Wagenbach, Emser Straße
40/41, 10719 Berlin. Umschlaggestaltung Groothuis & Consorten unter Verwendung eines Bildes von Tullio Pericoli. Autorenphoto
von Giovanni Giovannetti, Effigie. Frontispiz von Tullio Pericoli.
Die Karnickel auf Seite 1 zeichnete Horst Rudolph. Gesetzt aus der
Walbaum von der Offizin Götz Gorissen, Berlin. Gedruckt auf chlor-
und säurefreiem Papier und gebunden von Pustet, Regensburg.
Printed in Germany. Alle Rechte vorbehalten

ISBN 978 3 8031 2370 1

Inhalt

Welche Schande,
wir haben keine Feinde!

Schon öfter habe ich von meinen Abenteuern mit Taxi-
fahrern erzählt. Am interessantesten sind diese Abenteuer in New York, und das aus drei Gründen: Erstens
gibt es dort Taxifahrer jedweder Herkunft, Sprache
und Hautfarbe; auf einem Schildchen steht der Name
geschrieben, und es macht immer Spaß herauszufin-
den, ob der Fahrer Türke, Malaie, Grieche, russischer
Jude etc. ist. Viele von ihnen lassen ständig ihr Radio
laufen, das sie auf einen Sender eingestellt haben, der
in ihrer Sprache spricht und ihre Lieder sendet, und
so ist eine Fahrt vom Village zum Central Park manchmal wie eine Reise nach Katmandu.

Zweitens wird in New York der Beruf des Taxifah-
rers nicht lebenslang, sondern nur zeitweilig aus-
geübt, weshalb man am Steuer sowohl den Studenten
wie den arbeitslosen Banker wie auch den erst kürz-
lich eingetroffenen Immigranten vorfinden kann. Drittens folgen die Taxifahrer aufeinander in Gruppen:
Eine Zeitlang sind es überwiegend Griechen, dann
allesamt Pakistani, dann Puertoricaner und so weiter.
Dadurch wird es möglich, Beobachtungen über Ein-
wandererwellen und über den Erfolg der verschiedenen Ethnien anzustellen: Verschwindet eine bestimmte
Gruppe aus den Taxis, so läßt sich daraus ablesen, daß
diese Leute dabei sind, ihr Glück woanders zu suchen;
eine Erfolgsmeldung hat sich unter ihnen herum-
gesprochen, und nun versuchen sie es alle mit Tabak-

oder Gemüseläden, ziehen in einen anderen Stadtteil und steigen eine Stufe der sozialen Leiter hinauf. Infolgedessen, sieht man von den individuellen Charakter- und Mentalitätsunterschieden ab (es gibt den Hysteriker, den fidelen Knaben, den politisch Engagierten, den Anti-Irgendwas und so weiter), ist das Taxi ein hervorragender Ort für soziologische Studien.

Neulich bin ich an einen dunkelhäutigen Typ mit schwer entzifferbarem Namen geraten, und da hat er mir erklärt, er sei Pakistani. Dann fragte er mich, woher ich käme (in New York kommt man immer von irgendwo anders her), und als ich sagte, ich sei Italiener, begann er mich auszufragen. Er schien sehr interessiert an Italien, aber nach einer Weile begriff ich, daß er es nur war, weil er überhaupt nichts davon wußte, weder wo es liegt noch welche Sprache man dort spricht (gewöhnlich schaut der Taxifahrer erstaunt, wenn man ihm sagt, daß in Italien Italienisch gesprochen wird, da er inzwischen meint, es werde überall Englisch gesprochen).

Ich gab ihm die knappe Beschreibung einer langgestreckten Halbinsel mit Bergen in der Mitte und viel Küste ringsum und vielen schönen Städten. Er fragte, wie viele wir seien, und war erstaunt über die geringe Zahl. Dann wollte er wissen, ob wir alle weiß oder auch gemischtrassig seien, und ich versuchte, ihm eine Vorstellung von einem Land zu geben, in dem ursprünglich nur Weiße lebten, jetzt aber auch einige Schwarze, freilich nicht so viele wie in Amerika. Natürlich wollte er auch wissen, wie viele Pakistani in Italien leben, und es verdroß ihn zu hören, daß es zwar einige seien, aber weniger als Filipinos oder Afrikaner, und er muß sich gefragt haben, warum Ita-

8

lien von seinen Landsleuten gemieden wird. Ich beging den Fauxpas, ihm zu sagen, daß es in Italien auch nicht viele Inder gebe, und er sah mich entrüstet an: Wie konnte ich zwei so grundverschiedene Völker in einem Atemzug nennen und so zutiefst minderwertige Leute auch nur erwähnen!

Schließlich fragte er mich, wer unsere Feinde seien. Auf mein »Wie bitte?« erklärte er mir geduldig, er wolle wissen, mit welchem Volk wir zur Zeit im Krieg lägen, wegen territorialer Ansprüche, enthnischer Haßgefühle, ständiger Grenzverletzungen und so weiter. Ich sagte ihm, daß wir mit niemandem im Krieg lägen. Geduldig setzte er mir auseinander, er wolle wissen, wer unsere historischen Feinde seien, unsere Erbfeinde, also diejenigen, die uns umbrächten und wir sie. Ich sagte nochmals, daß wir keine hätten, daß wir den letzten Krieg vor über fünfzig Jahren geführt hatten, schon damals übrigens ohne genau zu wissen, wer unsere Feinde und wer unsere Verbündeten waren. Er war nicht zufrieden, er gab mir klar zu verstehen, daß er mich für einen Lügner hielt. Wie kann es sein, daß ein Volk keine Feinde hat?

Unsere Fahrt war zu Ende, ich gab ihm beim Aussteigen zwei Dollar Trinkgeld, um ihn für unseren trägen Pazifismus zu entschädigen, dann widerfuhr mir, was die Franzosen »esprit d'escalier« und die Deutschen »Treppenwitz« nennen: wenn einem draußen auf der Treppe, nachdem man mit jemandem gesprochen hat, plötzlich die richtige Antwort einfällt, auf die man vorher nicht gekommen war.

Ich hätte ihm sagen sollen, es ist gar nicht wahr, daß die Italiener keine Feinde haben. Sie haben keine äußeren Feinde, und jedenfalls sind sie nie imstande, sich darüber zu einigen, wer ihre Feinde sein könnten, weil sie pausenlos Krieg führen, aber im Innern. Die Italiener führen gegeneinander Krieg, früher Stadt gegen Stadt, Häretiker gegen Rechtgläubige, dann Klasse gegen Klasse, Partei gegen Partei, Parteiflügel gegen andere Flügel derselben Partei, dann Region gegen Region und schließlich Regierung gegen Justiz, Justiz gegen ökonomische Macht, öffentlich-rechtliches Fernsehen gegen privates Fernsehen, Koalitionspartner gegen Partner derselben Koalition, Abteilung gegen Abteilung, Zeitung gegen Zeitung.

Ich weiß nicht, ob er mich verstanden hätte, aber wenigstens hätte ich mir die Blamage erspart, als Angehöriger eines Volkes ohne Feinde dazustehen.

(1997)

Mailand–Bologna,
ein Irrer fährt auf der Autobahn

In eineinhalb Stunden habe ich die drei Kilometer vom Beginn der Autobahn Mailand–Bologna bis zur Mautstation zurückgelegt. Ich habe nachgedacht. Es war meine Schuld. Jetzt weiß ich, daß man nicht mit dem Auto fahren darf, die Bahn tut's sehr gut. Nur weil ich drei große Kartons mit Büchern zu transportieren hatte, habe ich das Abenteuer gewagt. Ich hätte die Kartons bloß zur Post zu bringen brauchen und wäre billiger weggekommen. Aber nachdem ich seit zwei Jahren nicht mehr auf einer Autobahn gefahren war, hatte ich Lust bekommen, noch einmal zu erleben, wie es ist, wenn man beschleunigt. Ich Idiot.

Wenn alle Zugang zu den erlesenen Gütern haben, kann keiner sie mehr genießen. Früher konnten nur Thomas Manns hochgebildete Kunstgeschichtsprofessoren nach Venedig reisen. Heute können alle hin, aber sie finden ein ungenießbares Venedig vor. Es ist wie bei der Einrichtung von Fußgängerzonen in den historischen Stadtzentren: Wie dumm waren die Ladenbesitzer, die fürchteten, es werde niemand mehr kommen. Alle kommen. Aber kaum ist das Zentrum zur Fußgängerzone gemacht worden, kommen auch die Massen aus den Vorstädten, die Boutiquen weichen den Jeans-Läden, die Nobelstraßen werden zu Junkfoodmeilen, die Via del Corso wird zur Borgata, und am Ku'damm verkauft man Plastikunterwäsche.

Die sozialen Klasseneinteilungen sind mobil und elastisch. Heute findet man die Armen auf der Via Montenapoleone und an der Spanischen Treppe. Und wo findet man die Reichen? Tja, das weiß man immer erst hinterher.

Seit zwei Jahren bin ich nicht mehr auf der Autobahn gewesen, weil mir in den letzten beiden Jahren dreimal das Auto gestohlen worden ist. Da ich es nicht benutze, lasse ich's in der Garage, aber dreimal habe ich es vor dem Haus stehen lassen, und dreimal ist es mir gestohlen worden. Wer sich den Luxus eines Autos erlauben kann, darf es nicht benutzen.

Ich frage mich, ob man nichts gegen den Autodiebstahl tun kann. Heutzutage haben die Autos doch allerlei elektronische Teufeleien. Für zwei- bis dreihunderttausend Lire kriegt man elektronische Westentaschen-Adreßbücher mit Codewort. Ich verstehe nichts davon, aber ich denke, es müßte doch möglich sein, Autos zu konstruieren, die nur mit einem Codewort starten.

Einmal hatte der Dieb in Ermangelung des Schlüssels einfach zwei Drähte verbunden, und da war der Motor angesprungen. Aber ich denke, es gibt ein System, bei dem sich das Auto, auch wenn man die Drähte verbindet, nicht in Bewegung setzt, wenn man nicht das richtige Codewort eingibt.

Und was, wenn du dann das Codewort vergißt? Na, das ist, wie wenn du die Schlüssel verlierst. Und wenn das elektronische System versagt? Na, wie wenn der Keilriemen reißt. Laß den Wagen stehen, und ruf die Werkstatt an. Aber werden die Autodiebe nicht ein System finden, um den Code zu knacken? Sicher, aber dazu braucht man ein Diplom in Informatik, und das reduziert die Anzahl der Autodiebe um 90 Prozent.

Und wenn du die Alzheimerkrankheit kriegst und alles vergißt, inklusive Codewort? Mal abgesehen davon, daß dir dann besser der Führerschein entzogen werden sollte, kannst du's dir ja auf den Hintern tätowieren lassen.

Wenn du dann ins Auto steigst und die Hose runterläßt, übermittelt ein hochempfindliches System von multiplen Spiegeln das Codewort an die Zentrale, diese wandelt die Daten in Laute um, und eine sanfte Stimme sagt dir: »Ihr Codewort ist Engelbert Humperdinck.«

Ich weiß schon, jetzt wird ein Mailänder Informatikprofessor, der bereits traurige Berühmtheit mit solchen Interventionen erlangt hat, gleich wieder einen Artikel schreiben, um mir zu signalisieren, daß ich falsch liege, denn es sei schwierig, ein computerisiertes System zu finden, das ein Codewort mit mehr als sieben Buchstaben akzeptiert.

Okay, sollte auch nur ein Scherz sein, und ich bin bereit, das tschechische Wort für »Speiseeis« als Codewort zu nehmen, nämlich »zmrzlina«. Wie meinen, Herr Professor? Das sind nicht sieben, sondern acht Buchstaben? Tzz, tzz, schon wieder falsch.

Aber jetzt, wo die Mautstelle näher kommt, gerate ich in die Krise: Wenn es keinem mehr gelingt, die Autos zu stehlen, werden alle nicht gestohlenen Autos weiter ihre Parkplätze okkupieren. Das wäre fast so, wie wenn alle Studenten, die an der Universität eingeschrieben sind, eines Tages gemeinsam zur Vorlesung kämen. Von wegen Studentenstreik! Wenn niemand mehr die Autos klauen würde, wäre die Stadt bald verstopft. Die Autodiebe fördern die Zirkulation, sie schaffen die Autos aus den überfüllten Zentren hinaus auf die Landstraßen. Autodiebe sind Verkehrsberuhiger.

Ein elektronisches Gerät, das den Autodiebstahl verhindert, würde zur Verstopfung der Stadtzentren, zum Ruin der Versicherungsgesellschaften und zur Kurzarbeit in den großen Automobilwerken führen. Vergiß es.

(1990)

Kirche und Industrie.
Versuch einer historisch-sozio-ökonomischen Interpretation Italiens

Die italienische Halbinsel ist heutzutage Schauplatz dessen, was die Eingeborenen einen »Investitionsstreit« nennen könnten. Die gesellschaftliche und politische Bühne wird von zwei nahezu gleich starken Kräften beherrscht, die sich gegenseitig die Kontrolle über die verschiedenen Teile der Halbinsel und ihre Bewohner streitig machen: der Industrie und der Kirche. Die Kirche ist, soweit wir aus den vor Ort gesammelten Aussagen entnehmen konnten, eine weltliche Macht, der es um die irdische Vorherrschaft geht, um den Erwerb von nutzbarem Bauland und den Zugang zu den politischen Schalthebeln; die Industrie ist eine geistige Macht, der es um die Vorherrschaft über die Seelen geht, um die Verbreitung eines mystischen Bewußtseins und einer asketischen Haltung.

Während unseres Aufenthalts auf der Apenninenhalbinsel hatten wir Gelegenheit, einige typische Demonstrationen der Kirche mitzuerleben, sogenannte »Prozessionen« oder »Präzessionen« (die offensichtlich im Zusammenhang mit Äquinoktialfeiern stehen). Es sind hemmungslose Zurschaustellungen von Prunk und militärischer Stärke, bei denen man Gardetruppen, Polizeikordons, Infanteriegeneräle und Luftwaffenobristen sehen kann. Anderes Beispiel: Während der sogenannten »Osterfeiern« kann man regelrechte Militärparaden erleben, bei denen komplette Panzerabteilungen auffahren, um der Kirche den symbolischen Gruß zu entbieten, den sie von der Armee verlangt. Konträr dem militärischen Aufbau dieser weltlichen Macht entgegengesetzt ist das Schauspiel, das die Industrie bietet.

Ihre Gläubigen leben in düsteren, klosterähnlichen Bauten, in denen mechanische Apparate das Klima noch trüber und inhumaner machen. Auch wenn diese Bauten nach Kriterien der Ordnung und Symmetrie errichtet worden sind, herrscht in ihnen eine fast mönchische Strenge, wobei die Familien dieser Mönche zurückgezogen in engen Zellen riesiger Klosteranlagen leben, die sich oft über immense Areale erstrecken. Der Geist der Buße durchdringt alle Angehörigen der Industrie, besonders aber die Oberhäupter, die in einer nahezu totalen Armut leben (ich selbst hatte Gelegenheit, ihren Vermögensstand zu kontrollieren, den sie zu Zwecken der Abbuße öffentlich deklarieren müssen). Sie versammeln sich für gewöhnlich in geschlossenen Räumen zu endlosen und asketischen Palavern (sogenannten »Aufsichtsratssitzungen«), während deren Männer in Grau mit zerfurchten Gesichtern und vom langen Fasten tief in den Höhlen liegenden Augen Stunden um Stunden über körperlose Probleme debattieren, betreffend das mystische Ziel der Gesellschaft, die sogenannte »Produktion« von Gegenständen, die als eine Art permanenter Fortsetzung des göttlichen Schöpfungsaktes aufgefaßt wird.

Jedem Luxus abhold, hegen sie eine tiefe Abneigung gegen alle Wohlstandssymbole, und kaum halten sie einen Schmuck in der Hand, einen kostbaren Stein, einen wertvollen Pelz, beeilen sie sich, ihn loszuwerden, indem sie ihn jungen Mädchen schenken, die Vestalinnendienste im Pronaos ihres Allerheiligsten leisten (diese Mädchen obliegen die meiste Zeit einer Kulthandlung ähnlich jener der tibetanischen Mönche, die Gebetsmühlen drehen: Ununterbrochen hämmern sie auf die Tasten eines Gerätes, das pausenlos kryptische Anrufungen der Gottheit und Appelle zur »produktiven« Askese ausspuckt).

Die Mystik der Produktion hat übrigens ein strenges theologisches Fundament, und es ist uns gelungen, eine Doktrin der »Zirkulation der Verdienste« zu rekonstruieren, kraft welcher die verdienstvolle Tat eines jeden Mitglieds der Priesterkaste auf übernatürliche Weise von einem anderen Mitglied genutzt werden kann. In eigens dafür bestimmten Tempeln sind permanente Übertragungen dieser Verdienste, auch »Wertanteilscheine« oder »Effekten« genannt, zu beobachten, wenn Scharen von Priestern im Zuge bestimmter Manifestationen von religiösem Fanatismus zum Altar stürzen, um ihre Verdienste loszuwerden, dadurch deren Wert rapide vermindernd, als wollten sie ihre Habe so schnell wie möglich verschenken, in einem eindrucksvollen Crescendo der allgemeinen Spannung und hysterischen Raserei.

Für den Forscher ist klar, welche der beiden Mächte in Mailand die Oberhand errungen hat: die Industrie. Infolgedessen lebt die Bevölkerung ständig in diesem mystischen Spannungszustand, der die ortstypische Konfusion und die stumme Unterwerfung unter die Beschlüsse der Priester hervorruft. Im Licht dieser Interpretation gewinnt die Hypothese eines magischen Raumes an Sinn, eines Raumes aber, der keineswegs eine metaphysische Gegebenheit ist, sondern die konkrete Form, die dem Mailänder Habitat von den Inhabern der religiösen Macht aufgezwungen wird, um die Gläubigen permanent in dieser Abgehobenheit von allen irdischen Werten zu halten. Und einen Sinn bekommen damit auch die eigenartigen Übergangsriten, die Pädagogik der Frustration, der allsonntägliche Kannibalismus und die schamanistische Flucht ans Meer (die demnach nichts anderes ist als eine Art von Mysterienspiel, eine kollektive Fiktion, deren sich jeder bewußt ist und der zugleich jeder erliegt, wobei alle zutiefst davon überzeugt bleiben, daß die Lösung nicht in der Flucht liegt, sondern in der totalen und hingebungsvollen Unterwerfung unter die mystische Macht der Produktion).

Allerdings wäre es irrig zu glauben, die Industrie regiere uneingeschränkt über die Eingeborenen und das Land. Die italienische Halbinsel, die Schauplatz so vieler stürmischer Ereignisse war (von denen Dobu leider nur ein mythologisches Bild gegeben hat), ist ein allseits offenes Territorium, jederzeit zugänglich für die Invasion barbarischer Völker und die Immigration der südlichen Horden, die sich über das Dorf ergießen und es zerstören, seine Raumstruktur ändern, sich an seinen Rändern niederlassen, sich in den öffentlichen Gebäuden drängen und jede Verwaltung lahmlegen. Angesichts dieses Drucks fremder Populationen sowie des verderblichen Treibens der Kirche, die unablässig versucht, die Seelen der Eingeborenen abzulenken, indem sie ihnen Träume von falsch verstandener Modernität einflüstert (deren Symbole wir im rituellen »Pingpong«-Spiel sowie im Wahlkampf erblicken, einem blutigen und kräftezehrenden Sport, an dem sogar noch die lahmen alten Frauen teilnehmen) – angesichts all dieser Bedrängnisse versteht sich die Industrie als die letzte Bastion zur Bewahrung der ursprünglichen Kultur. Der Anthropologe hat nicht darüber zu befinden, ob diese Bewahrung etwas Positives ist, er muß nur feststellen, welche Rolle die Industrie spielt, die zu diesem Zweck weiße Klöster errichtet hat, in denen Dutzende und Aberdutzende von Mönchen, eingeschlossen in ihre Zellen und Refektorien (die sie »Studios« oder »Studierstuben« nennen), schweigend in der unmenschlichen Reinheit ihrer Riten die Pläne zu perfekten Konstitutionen für künftige Gemeinwesen entwerfen, geschützt vor Invasionen, vor Gewalt und Geschrei. Es sind stille und reservierte Männer, die nur selten auf der Bühne des öffentlichen Handelns erscheinen, um dann obskure prophetische Kreuzzüge zu predigen oder jene, die in der Welt leben, als »Knechte des Neokapitalismus« anzuprangern (ein dunkler Ausdruck, der zur mystischen Redeweise dieser Erleuchteten gehört). Doch kaum haben sie ihre Aufgabe als Zeugen und Mahner erfüllt, ziehen sie sich wieder in ihre Klöster zurück, um auf verblichenen Palimpsesten ihre Hoffnungen zu notieren, abgeschirmt hinter den Mauern der mystischen Macht, die über sie und über das Dorf herrscht und sich dem Forscher als der einzige Schlüssel anbietet, der ein Verständnis ihres beunruhigenden barbarischen Mysteriums erlaubt.

(1962)

Wie man einen
verlorenen Führerschein ersetzt

Im Mai 1981, auf Durchreise in Amsterdam, verliere ich (oder wird mir in der Trambahn gestohlen – denn Taschendiebe gibt es sogar in Holland) eine Brieftasche, die nur wenig Geld, aber diverse Ausweispapiere und Mitgliedskarten enthielt. Ich merke es erst im Moment der Abreise, am Flughafen, und entdecke sofort, daß meine Kreditkarte fehlt. Dreißig Minuten vor dem Abflug mache ich mich auf die Suche nach einem Ort, wo ich den Verlust anzeigen kann, nach fünf Minuten werde ich von einem Beamten der Flughafenpolizei empfangen, der ein gutes Englisch spricht und mir erklärt, daß die Sache nicht in seine Zuständigkeit falle, da mir die Brieftasche in der Stadt abhanden gekommen sei; dennoch ist er bereit, eine Anzeige aufzunehmen, versichert mir, daß er um neun, wenn die Schalter öffnen, persönlich beim American Express anrufen werde, und klärt den niederländischen Teil meines Falles in zehn Minuten. Zurück in Mailand, rufe ich beim American Express an, die Nummer meiner Kreditkarte wird in die ganze Welt signalisiert, und tags darauf habe ich die neue Karte. Wie schön ist das Leben in der Zivilisation, sage ich mir.

Dann mache ich eine Aufstellung meiner anderen verlorenen Papiere und erstatte Anzeige beim Präsidium: zehn Minuten. Wie schön, sage ich mir, wir haben eine Polizei wie die niederländische. Unter den Ausweisen war eine Mitgliedskarte des Journalistenverbandes, und nach drei Tagen erhalte ich glücklich ein Duplikat. Wie schön.

Leider war auch mein Führerschein dabei. Nicht so schlimm, denke ich mir, das betrifft die allmächtige Automobilindustrie, uns blüht ein italienischer Ford, wir sind ein Land voller Autobahnen. Ich rufe beim Automobilclub an und höre, daß es genüge, die Nummer des verlorenen Führerscheins anzugeben. Leider hatte ich sie mir, wie ich nun merke, nie irgendwo notiert – es sei denn genau auf dem Führerschein. Ich frage, ob sie nicht unter meinem Namen nachsehen könnten, um die Nummer zu finden. Aber das scheint nicht möglich zu sein.

Ich *muß* Auto fahren, koste es, was es wolle, und so beschließe ich, etwas zu tun, was ich normalerweise nicht tue, nämlich abgekürzte und privilegierte Wege zu gehen. Normalerweise vermeide ich das, denn Freunde oder Bekannte zu belästigen ist mir unangenehm, und ich hasse diejenigen, die dasselbe mit mir tun, außerdem lebe ich schließlich in Mailand, wo es, wenn man eine Bescheinigung von der Kommune braucht, nicht nötig ist, mit dem Bürgermeister zu telefonieren, es geht schneller, wenn man sich brav vor dem Schalter anstellt, wo es relativ zügig vorangeht. Aber nun ja, wie es eben so ist, das Auto macht uns alle ein bißchen nervös, ich rufe also in Rom eine Hohe Persönlichkeit vom Automobilclub an, die mich mit einer Hohen Persönlichkeit vom Automobilclub in Mailand verbindet, die ihrer Sekretärin sagt, sie solle tun, was sie könne. Sie kann leider nur sehr wenig, trotz ihrer Freundlichkeit.

Sie lehrt mich einige Tricks, drängt mich, nach einer alten Avis-Quittung zu suchen, auf der meine

Führerscheinnummer steht, hilft mir, die vorgeschalteten Formalitäten in einem Tag zu erledigen, und erklärt mir dann, wo ich hingehen müsse, nämlich in das *Ufficio Patenti*, die Führerscheinabteilung der Präfektur, eine enorme Schalterhalle, gerammelt voll von verzweifelten und übelriechenden Menschen, so etwas wie der Hauptbahnhof von Neu-Delhi in Filmen über die Revolte der Cipays, wo die Wartenden, die sich Horrorgeschichten erzählen (»Ich bin hier seit der Zeit des Libyen-Krieges«), mit Thermosflaschen und Brötchen kampieren und am vorderen Ende der Schlange ankommen, wie es mir passiert, wenn der Schalter gerade schließt.

In jedem Falle, muß ich sagen, ist es nur eine Sache von wenigen Tagen des Schlangestehens, in deren Verlauf man jedesmal, wenn man vorne beim Schalter ankommt, erfährt, daß man noch ein weiteres Formular ausfüllen oder noch eine weitere Stempelmarke kaufen und sich dann wieder hinten anstellen muß. Aber das ist bekanntlich normal. Alles in Ordnung, sagt man mir schließlich, kommen Sie in zwei Wochen wieder. Bis dahin: Taxi.

Zwei Wochen später, nach Übersteigen einiger Antragsteller, die inzwischen zusammengebrochen sind und im Koma liegen, eröffnet man mir am Schalter, daß die Führerscheinnummer, die ich der alten Avis-Quittung entnommen hatte, sei's wegen eines Abschreibfehlers, sei's wegen mangelnder Qualität des Kohlepapiers, sei's wegen fortgeschrittener Zersetzung des bejahrten Dokuments, nicht die richtige sei. Man könne nichts machen, wenn ich die richtige Nummer nicht wisse. »Gut«, sage ich, »sicher können Sie keine Nummer suchen, die ich Ihnen nicht zu nennen weiß, aber Sie können doch unter dem Namen Eco suchen und die Nummer dort finden.« Mitnichten: sei's aus Böswilligkeit, sei's aus Arbeitsüberlastung, sei's daß die Führerscheine nur unter den Nummern archiviert worden sind, jedenfalls ist das nicht möglich. Versuchen Sie's doch mal da, wo Sie den Führerschein ursprünglich gemacht haben, wird mir geraten, also in Alessandria, vor Jahrzehnten. Dort müßte es möglich sein, Ihre Nummer zu finden.

Ich habe keine Zeit, nach Alessandria zu fahren, auch weil ich ja nicht mit dem Auto hinfahren darf, und so versuche ich es mit der zweiten Abkürzung: Ich telefoniere mit einem alten Schulkameraden, der jetzt eine Hohe Persönlichkeit im dortigen Finanzamt ist, und bitte ihn, mit dem »Inspektorat für Motorisierung«, das heißt dem Straßenverkehrsamt zu telefonieren. Er entschließt sich zu einem nicht minder zwielichtigen Schritt und telefoniert direkt mit einer Hohen Persönlichkeit in besagtem Amt, die ihm erwidert, dergleichen Daten könne man niemandem außer den Carabinieri geben. Ich denke, der Leser wird sich darüber im klaren sein, welche Gefahr in der Tat die Behörden liefen, würden sie meine Führerscheinnummer einfach an Hinz und Kunz weitergeben: Ghaddafi und der KGB warten doch nur darauf. Also top-secret.

Ich gehe meine Vergangenheit durch und finde einen anderen Schulkameraden, der jetzt eine Hohe Persönlichkeit in einer öffentlichen Anstalt ist, aber ich lege ihm nahe, sich möglichst nicht an Hohe Persönlichkeiten im Verkehrsamt zu wenden, da die Sache gefährlich sei und am Ende gar zu einer parlamentarischen Untersuchung führen könne. Lieber solle er, rege ich an, eine niedere Persönlichkeit ausfindig

machen, vielleicht einen Nachtwächter, der sich be-
stechen läßt und bei Nacht die Nase in die Archive
steckt. Die Hohe Persönlichkeit in der öffentlichen
Anstalt hat das Glück, eine mittlere Persönlichkeit im
Verkehrsamt zu finden, die nicht einmal bestochen zu
werden braucht, da sie gewohnheitsmäßig den *Espresso* liest und aus Liebe zur Kultur sich entschließt,
ihrem bevorzugten Kommentator (also mir) diesen
gefährlichen Dienst zu erweisen. Ich weiß nicht, was
diese kühne Person unternimmt, Tatsache ist jedoch,
daß ich am nächsten Tage die Nummer des Führerscheins habe. Eine Nummer, die der Leser mir erlauben wird, hier nicht zu enthüllen, denn ich habe Familie.

Mit der Nummer (die ich mir jetzt überall notiere
und, im Blick auf künftige Diebstähle oder Verluste,
in Geheimfächern aufbewahre) überwinde ich weitere Schlangen im Amt für Straßenverkehr zu Mailand und schwenke sie vor den mißtrauischen Augen
des Beamten am Schalter. Dieser eröffnet mir mit
einem Lächeln, das nichts Menschliches mehr hat,
ich müsse auch die Nummer des Vorgangs angeben,
mit welchem seinerzeit in den fünfziger Jahren die
Behörden in Alessandria meine Führerscheinnummer
den Behörden in Mailand mitgeteilt hatten.

Erneute Telefonate mit Schulkameraden, die unse-
lige mittlere Persönlichkeit, die schon so viel riskiert
hat, macht sich ein weiteres Mal auf die Socken, be-
geht ein paar Dutzend Delikte, entwendet eine Information, nach der, wie es scheint, die Carabinieri lech-
zen, und läßt mich die Nummer des Vorgangs wissen.
Eine Nummer, die ich hier gleichfalls nicht offenbare,
denn bekanntlich haben die Wände Ohren.

Ich begebe mich wieder ins Mailänder Amt für Straßenverkehr, brauche nur ein paar Tage Schlange zu stehen und bekomme das Versprechen, in zwei Wochen das magische Dokument zu erhalten. Der Juni geht bereits seinem Ende entgegen, da erhalte ich ein Papier, auf dem mir bestätigt wird, daß ich einen Antrag auf Ausstellung eines Führerscheins gestellt habe. Natürlich gibt es kein Formular für verlorengegangene Führerscheine, das Papier ist ein »provisorischer« Führerschein, wie er bei uns für Anfänger ausgestellt wird, die erst noch üben müssen, bevor sie den richtigen Führerschein kriegen. Ich zeige es einem Schutzmann und frage ihn, ob ich damit fahren dürfe. Sein Blick erstarrt, der brave Beamte gibt mir zu verstehen, falls er mich damit am Steuer erwischen sollte, würde ich bereuen, jemals geboren zu sein.

Tatsächlich bereue ich und kehre zum *Ufficio Patenti* zurück, wo ich nach ein paar Tagen erfahre, daß mein Papier sozusagen ein Aperitif war: Ich müsse warten, bis ich ein anderes Papier bekäme, in dem mir bescheinigt würde, daß ich meinen Führerschein verloren hätte und fahren dürfe, bis ich den neuen bekommen würde, da die Behörden inzwischen ermittelt hätten, daß ich den alten besessen hatte. Also genau, was längst alle wissen, von der niederländischen Polizei bis zum Präsidium in Mailand, und was auch die Mailänder Führerschein-Ausstellungsbehörde weiß, nur will sie es nicht klar sagen, bevor sie erst noch eine Weile darüber nachgedacht hat. Man beachte, daß die Behörde alles, was sie in Erfahrung zu bringen wünschen könnte, schon weiß und daß sie nichts weiter erfahren wird, mag sie auch noch so lange darüber nachdenken. Aber Geduld. Gegen Ende Juni erkundige ich mich wiederholt nach dem Schicksal des Papiers Nummer zwei, aber es scheint, daß seine Erstellung viel Arbeit kostet. Eine Zeitlang bin ich sogar versucht, das zu glauben, da ich so viele Unterlagen und Fotos habe beibringen müssen, anscheinend ist dieses Dokument so etwas wie ein Paß mit zahlreichen fälschungssicheren Seiten.

Ende Juni, nachdem ich inzwischen schwindelerregende Summen für Taxis aufgewandt habe, versuche ich eine erneute Abkürzung. Ich schreibe schließlich für Zeitungen, Himmel noch mal, da müßte mir doch jemand helfen können, und sei's mit der Ausrede, daß ich aus Gründen der Gemeinnützigkeit mobil sein müsse! Mit Hilfe zweier Mailänder Redaktionen (der *Repubblica* und des *Espresso*) gelingt es mir, ins Pressebüro der Präfektur vorzudringen, wo ich eine freundliche Dame finde, die bereit ist, sich um meinen Fall zu kümmern. Die freundliche Dame denkt auch gar nicht daran, etwa bloß zu telefonieren: Couragiert begibt sie sich persönlich ins Führerscheinausstellungsamt und dringt in sakrale Bezirke ein, die profanen Sterblichen streng verschlossen sind, mitten zwischen labyrinthische Reihen von Akten, die dort seit unvordenklichen Zeiten lagern. Was sie dort tut, weiß ich nicht (ich höre erstickte Schreie, Gepolter von stürzenden Aktenbergen, Staubwolken quellen durch die Ritzen der Tür). Schließlich erscheint sie wieder, in der Hand ein gelbliches Formular aus dünnem Papier wie jene, die von Parkwächtern unter die Scheibenwischer geschoben werden, Format neunzehn mal dreizehn Zentimeter. Es hat kein Foto, es ist mit Tinte beschrieben, mit einer dicken klecksigen

Feder, die in ein altes Tintenfaß eingetaucht worden ist, so eins voller Bodensatz und Schleim, der Fäden auf dem porösen Papier zieht. Es enthält meinen Namen mitsamt der Nummer des verlorenen Führerscheins, und der gedruckte Text besagt, vorliegendes Blatt ersetze den »oben angegebenen« Führerschein, und es verfalle am 29. Dezember (das Datum ist offensichtlich gewählt, um das Opfer zu überraschen, während es ahnungslos die Kehren zu einer alpinen Ortschaft hinauffährt, womöglich im Schneegestöber, fern von zu Hause, so daß es von der Straßenpolizei verhaftet und gefoltert werden kann).

Das Blatt ermächtigt mich, in Italien zu fahren, aber ich fürchte, es bringt mich in ernsthafte Schwierigkeiten, wenn ich es einem Polizisten im Ausland zeige. Aber Geduld, jetzt fahre ich erst mal wieder. Um es kurz zu machen, im Dezember ist mein Führerschein immer noch nicht gekommen, ich stoße auf Widerstände, als ich um Verlängerung der provisorischen Fahrerlaubnis ersuche, ich gehe erneut ins Pressebüro der Präfektur, und am Ende habe ich wieder dasselbe Blatt, auf das eine ungelenke Hand geschrieben hat, was ich selbst hätte schreiben können, nämlich daß es bis zum 28. Juni verlängert worden ist (wieder so ein Datum, das mich wehrlos überraschen soll, während ich eine sommerliche Küstenstraße entlangfahre). Immerhin wird mir mitgeteilt, man werde, wenn jenes Datum erreicht sei, für eine erneute Verlängerung sorgen, denn mit dem Führerschein werde es noch etwas dauern. Mit gebrochener Stimme erzählen mir Leidensgenossen beim Schlangestehen, es gebe Leute, die seit zwei bis drei Jahren auf ihren Führerschein warten.

Vorgestern habe ich nun die neue Jahresmarke auf das Papier geklebt. Der Tabakhändler hat mir geraten, sie nicht zu entwerten, denn falls mein Führerschein endlich kommen sollte, müßte ich sonst eine neue kaufen. Aber ich fürchte, mit der Nichtentwertung habe ich ein Delikt begangen.

An diesem Punkt drei Bemerkungen. Erstens: Daß ich die provisorische Fahrerlaubnis nach zwei Monaten hatte, liegt allein daran, daß es mir dank einer Reihe von Privilegien, die ich qua Herkunft und Erziehung genieße, gelungen ist, eine Reihe von Hohen Persönlichkeiten in drei Städten zu mobilisieren, Funktionsträger in sechs öffentlichen bzw. privaten Anstalten plus einer Tageszeitung und einem Wochenmagazin von nationaler Verbreitung. Wäre ich Angestellter oder Drogist, müßte ich mir jetzt ein Fahrrad kaufen. Um mit einem Führerschein zu fahren, muß man Licio Gelli[*] sein.

Zweitens: Das Blatt, das ich eifersüchtig in meiner Brieftasche hüte, ist ein Dokument ohne jeden Wert, kinderleicht zu fälschen, mithin ist Italien ein Land voller Autofahrer im Zustand problematischer Identifizierbarkeit. Massenhafte Illegalität oder Legalitätsfiktion.

Die dritte Bemerkung verlangt, daß der Leser seine Vorstellungskraft bemüht, um sich einen Führerschein bildlich vor Augen zu halten: ein Büchlein von zwei bis drei Seiten, mit Foto, aus schlechtem Papier. Diese Büchlein werden nicht in Fabriano hergestellt wie die bibliophilen Kostbarkeiten von Franco Maria Ricci, sie werden nicht handgepreßt von erlesenen

---

[*] Licio Gelli, Gründer der berüchtigten Geheimorganisation P2.

Spezialisten, sie können in jeder beliebigen Klitsche gedruckt werden, und seit Gutenbergs Zeiten ist die westliche Zivilisation in der Lage, Zigtausende davon in wenigen Stunden zu produzieren.

Was also hindert uns, sie in genügender Menge verfügbar zu halten, das Foto des Opfers einzukleben und sie, warum nicht, per Münzautomaten zu verteilen? Was geschieht in den labyrinthischen Gängen der zuständigen Behörde?

Wir alle wissen, daß ein Rotbrigadist imstande ist, in wenigen Stunden Dutzende von falschen Führerscheinen zu fabrizieren – und man beachte, daß es mühsamer ist, einen falschen zu fabrizieren als einen echten. Also: Wenn wir nicht wollen, daß brave Bürger, denen ihr Führerschein abhanden gekommen ist, übelbeleumdete Bars frequentieren in der Hoffnung, dort Kontakte mit den Roten Brigaden zu knüpfen, gibt es nur eine Lösung: die »reuigen« Rotbrigadisten in den Führerscheinämtern anzustellen. Sie haben das nötige Know-how, sie haben genügend Zeit, Arbeit macht frei, wie man weiß, auf einen Schlag werden viele Gefängniszellen verfügbar, Personen, die bei erzwungener Untätigkeit in gefährliche Allmachtsphantasien zurückfallen könnten, leisten gesellschaftlich nützliche Dienste, sowohl dem Bürger mit vier Rädern als auch dem Hund mit sechs Beinen wäre gedient.

Aber vielleicht ist das alles zu einfach gedacht. Ich sage, hinter dem mysteriösen Mangel an Führerscheinen steckt die finstere Hand einer auswärtigen Macht.

(1982)

Wie man das Mobiltelefon
nicht benutzt

Es ist leicht, sich über die Besitzer von Mobiltelefonen lustig zu machen. Man muß nur sehen, zu welcher der folgenden Kategorien sie gehören. Zuerst kommen die Behinderten, auch die mit einem nicht sichtbaren Handicap, die gezwungen sind, ständig in Kontakt mit dem Arzt oder dem Notdienst zu sein. Gelobt sei die Technik, die ihnen ein so nützliches Gerät zur Verfügung gestellt hat. Dann kommen jene, die aus schwerwiegenden beruflichen Gründen gehalten sind, immer erreichbar zu sein (Feuerwehrhauptmänner, Gemeindeärzte, Organverpflanzer, die auf frische Leichen warten, oder auch Präsident Bush, da sonst die Welt in die Hände von Quayle fällt). Für diese ist das Mobiltelefon eine bittere Notwendigkeit, die sie mit wenig Freude ertragen.

Drittens die Ehebrecher. Erst jetzt haben sie, zum erstenmal in der Geschichte, die Möglichkeit zum Empfang von Botschaften ihrer geheimen Partner, ohne daß Familienmitglieder, Sekretärinnen oder boshafte Kollegen den Anruf abfangen können. Es genügt, daß nur sie und er die Nummer kennen (oder er und er, sie und sie – andere mögliche Kombinationen entgehen mir). Alle drei aufgelisteten Kategorien haben ein Recht auf unseren Respekt. Für die ersten beiden sind wir bereit, uns im Restaurant oder während einer Beerdigungsfeier stören zu lassen, und die Ehebrecher sind gewöhnlich sehr diskret.

Zwei weitere Kategorien benutzen das Mobiltelefon jedoch auf eigene Gefahr (und nicht nur auf unsere). Zum einen die Leute, die nirgendwo hingehen können, ohne weiter mit Freunden und Angehörigen, die sie eben verlassen haben, über dies und das zu schwatzen. Es ist schwierig, ihnen zu sagen, warum sie das nicht tun sollten: Wenn sie nicht imstande sind, sich dem Drang zur Interaktion zu entziehen und ihre Momente der Einsamkeit zu genießen, sich für das zu interessieren, was sie gerade tun, das Fernsein auszukosten, nachdem sie die Nähe gekostet haben, wenn sie nicht vermeiden können, ihre Leere zu zeigen, sondern sie sich sogar noch auf ihre Fahnen schreiben, so ist das ein Fall für den Psychologen. Sie sind uns lästig, aber wir müssen Verständnis für ihre schreckliche innere Ödnis haben, müssen dankbar sein, daß wir besser dran sind, und ihnen verzeihen (doch hüten wir uns, der luziferischen Freude anheimzufallen, nicht so zu sein wie jene da, das wäre Hochmut und Mangel an Nächstenliebe). Anerkennen wir sie als unsere leidenden Nächsten und leihen wir ihnen auch noch das andere Ohr.

Die letzte Kategorie (zu der, auf der untersten Stufe der sozialen Leiter, auch die Käufer von falschen Mobiltelefonen gehören) besteht aus Leuten, die öffentlich zeigen wollen, wie begehrt sie sind, besonders für komplexe Beratungen in geschäftlichen Dingen: Die Gespräche, die wir in Flughäfen, Restaurants oder Zügen mit anhören müssen, betreffen stets Geldtransaktionen, nicht eingetroffene Lieferungen von Metallprofilen, Zahlungsmahnungen über eine Partie Krawatten und andere Dinge, die in den Vorstellungen des Sprechers sehr nach Rockefeller klingen.

Nun ist die Trennung der Klassen ein grausamer Mechanismus, der bewirkt, daß der Neureiche, selbst wenn er enorme Summen verdient, einem atavistischen proletarischen Stigma zufolge nicht mit dem Fischbesteck umgehen kann, das Äffchen ins Rückfenster des Ferrari hängt, das Christophorus-Bildchen ans Armaturenbrett des Privatjets klebt oder »Manádschment« sagt; und so wird er nicht zur Herzogin von Guermantes eingeladen (und fragt sich verzweifelt, warum nicht, wo er doch eine so lange Yacht hat, daß sie praktisch eine Brücke von Küste zu Küste ist).

Diese Leute wissen nicht, daß Rockefeller kein Mobiltelefon braucht, da er ein so großes und effizientes Sekretariat hat, daß äußerstenfalls, wenn wirklich sein Großvater im Sterben liegt, der Chauffeur kommt und ihm etwas ins Ohr flüstert. Der wahrhaft Mächtige ist der, der nicht gezwungen ist, jeden Anruf zu beantworten, im Gegenteil, er läßt sich – wie man so sagt – verleugnen. Auch auf der unteren Ebene des Managements sind die beiden Erfolgssymbole der Schlüssel zur Privattoilette und eine Sekretärin, die sagt: »Der Herr Direktor ist nicht im Hause.«

Wer also das Mobiltelefon als Machtsymbol vorzeigt, erklärt damit in Wirklichkeit allen seine verzweifelte Lage als Subalterner, der gezwungen ist, in Habachtstellung zu gehen, auch wenn er gerade einen Beischlaf vollzieht, wann immer ihn der Geschäftsführer anruft, der Tag und Nacht hinter seinen Schuldnern her sein muß, um überleben zu können, der von der Bank sogar noch während der Erstkommunion seiner Tochter wegen eines ungedeckten Schecks verfolgt wird. Aber die Tatsache, daß er sein

Mobiltelefon so prahlerisch benutzt, ist der Beweis dafür, daß er all diese Dinge nicht weiß, und somit die letzte Bestätigung seiner unwiderruflichen sozialen Marginalisierung.

(1991)

Wie man Telegramme
in den Papierkorb entsorgt

Früher öffnete man morgens, wenn die Post kam, die verschlossenen Briefe und warf die unverschlossenen weg. Heute schicken die Organisationen, die früher unverschlossene Briefe verschickten, ihre Sendungen in verschlossenen Umschlägen und womöglich per Eilboten. Man müht sich ab, den Umschlag zu öffnen, und findet darin eine Einladung zu einem absolut irrelevanten Kongreß. Man muß sich wirklich abmühen, denn die raffiniertesten Umschläge haben inzwischen hermetische Verschlüsse, die nicht nur dem Brieföffner widerstehen, sondern auch Bissen und Messerstichen. Der Klebstoff ist durch jenen schnell trocknenden Zement ersetzt worden, den die Dentisten verwenden. Zum Glück kann man sich vor kommerziellen Werbeaktionen retten, denn sie kündigen sich schon von außen durch die in Blattgold gesetzte Aufschrift »Gratis« an. Man hat mir bereits im zarten Kindesalter beigebracht, daß ich, wenn mir jemand etwas gratis anbietet, die Polizei rufen soll.

Doch es wird immer schlimmer. Früher öffnete man Telegramme interessiert und beklommen: Sie brachten entweder schlechte Nachrichten, oder sie informierten über das plötzliche Ableben des Onkels in Amerika. Heute schickt jeder, der etwas Uninteressantes zu sagen hat, ein Telegramm.

Es gibt drei Arten von Telegrammen. Erstens das imperative: »einladen sie übermorgen wichtigem kongreß über wolfszucht im aspromonte, anwesenheit unterstaatssekretär forstwesen. erbitten dringend mitteilung ankunftszeit per telex« (es folgen zwei Seiten lang Abkürzungen und Nummern, zwischen denen sich natürlich und glücklicherweise die Unterschrift des prätentiösen Absenders verliert). Zweitens das Telegramm, das eine vorausgegangene Zusage unterstellt: »bestätigen wie vereinbart ihre teilnahme an kongreß rettung paraplegischer koalabären, erbitten umgehend kontaktaufnahme per telex.« Natürlich gibt es keine vorausgegangene Zusage, oder die Bitte um eine solche trifft zwei Tage später per Brief ein. Aber wenn der Brief kommt, ist er von dem schon entsorgten Telegramm überholt worden, und so entsorgt man auch ihn. Drittens das rätselhafte Telegramm: »da podiumsdiskussion informatik und krokodile aus bekannten gründen verschoben, bitte bestätigung ihrer teilnahme neues datum.« Welches Datum? Welche Teilnahme? In den Papierkorb damit.

Neuerdings ist das Telegramm aber durch die »Overnight-Express-Sendung« überrundet worden. Sie kostet Summen, die einen Agnelli erbleichen lassen, die Packung läßt sich nur mit Stacheldrahtscheren öffnen, aber sie ist so beschaffen, daß sie auch geöffnet nicht gleich ihren Inhalt offenbart, denn man muß erst noch diverse Klebeband-Barrieren überwinden. Manchmal wird sie aus reinem Snobismus verschickt (eine Praxis, die an die von Marcel Mauss studierten Zeremonien der rituellen Auszehrung erinnert): Am Ende findet man nichts als ein Kärtchen mit dem Wort »Ciao«, aber man braucht mehrere Stunden, bis man es hat, denn die Packung ist groß wie ein Müllsack, und nicht jeder hat die langen Arme von Mr. Hyde).

Häufiger hat sie erpresserische Funktion und enthält auch einen frankierten Antwortumschlag. Damit drückt der Absender aus: »Um dir zu sagen, was ich dir sagen will, habe ich eine exorbitante Summe ausgegeben, an der Zustellungsform erkennst du, wie groß mein Interesse ist, und da ich auch gleich einen Antwortumschlag beigelegt habe, bist du ein Schuft, wenn du nicht antwortest.« Solche Anmaßung gehört bestraft. Ich öffne inzwischen nur noch diejenigen »Overnights«, die ich ausdrücklich bestellt habe. Die anderen werfe ich weg, allerdings sind sie auch dann noch ärgerlich, da sie den Papierkorb verstopfen. Ich träume von Brieftauben.

Oft kündigen Telegramme und »Overnights« Preise an. Es gibt in dieser Welt Anerkennungen und Preise, die zu erhalten sich jedermann glücklich schätzt (den Nobelpreis, den Orden vom Goldenen Vlies, den Hosenbandorden, den Hauptpreis in der Neujahrslotterie), und andere, die nichts anderes verlangen, als angenommen zu werden. Jeder, der eine neue Schuhcreme, ein retardierendes Präservativ oder ein schwefelhaltiges Wasser auf den Markt bringen will, stiftet einen Preis. Wie sich gezeigt hat, ist es nicht schwierig, Juroren zu finden. Das Schwierige ist, Preisträger zu finden. Beziehungsweise, sie ließen sich finden, wenn es junge Leute am Anfang ihrer Karriere sein dürften, aber dann kämen die Presse und das Fernsehen nicht zur Verleihung. Daher muß der Preisträger wenigstens Carlo Rubbia sein. Doch wenn Rubbia alle Preise entgegennähme, die man ihm aufdrängen will, wäre Schluß mit der Forschung. Das Telegramm mit der Preisankündigung muß also einen imperativen Ton anschlagen und durchblicken lassen, daß eine Ablehnung schwere Sanktionen zur Folge hätte: »erfreut ihnen mitzuteilen daß sie heute abend das goldene suspensorium überreicht bekommen. teilnahme unumgänglich für einstimmiges unparteiisches votum jury, sonst leider gezwungen, anderen zu wählen.« Das Telegramm setzt voraus, daß der Empfänger aufspringt und schreit: »Nein, mich, mich!«

Es gibt auch die Postkarten, die man aus Kuala Lumpur erhält und die mit »Giovanni« unterschrieben sind. Welcher Giovanni?

(1988)

Zusatz, zwölf Jahre später: Statt »Telegramme« lese man heute »e-mails« – ein schöner Fortschritt, denn die verstopfen wenigstens nur den *virtuellen* Papierkorb. A d. Ü.

Hiermit erkläre ich,
in welchem Sinne ich meine, daß Fußball
eine sexuelle Perversion ist

Befragt man mich über Fußball, so ist es, als befragte man mich über Dänemark. Dänemark ist ein entzükkendes Land, ich bin mehrmals dort gewesen, habe es von Andersens Seejungfrau bis Helsingör und bis Jütland bereist und würde es gern wiedersehen. Aber ich kann nicht sagen, daß mich der Gedanke an Dänemark nachts nicht schlafen läßt und daß ich mir am nächsten Morgen von einem angeheuerten Spezialisten die dänischen Zeitungen übersetzen lasse. Ich bin zufrieden, daß es Dänemark gibt, und das genügt mir.

Versucht man zu erklären, welche Gefühle ein normaler Mensch für den Fußball empfindet, wird man oft nicht verstanden. So hat sich eine argentinische Zeitung dazu hinreißen lassen, einen Artikel mit der mir zugeschriebenen Aussage zu überschreiben: »Fußball ist eine sexuelle Perversion.« Ich hatte etwas Differenzierteres gesagt und habe es auch schon bei anderer Gelegenheit dargetan, aber ich will noch einmal versuchen, meinesgleichen zu erklären, was ich meine.

Ich bin der Ansicht, daß sich ein normaler Mensch, solange er das entsprechende Alter hat, in der körperlichen Liebe betätigen sollte, und ich halte das für eine gesunde und schöne Tätigkeit. Sodann gibt es Fälle, in denen man anderen dabei zusieht, wie sie diese schöne Tätigkeit ausüben. Ich denke nicht unbedingt nur an Filme im Rotlichtviertel, es genügt ein normaler Film, in dem man zwei schöne Menschen sieht, die sich anmutig paaren. In den Grenzen des Maßvollen kann das eine befriedigende Erfahrung sein. Schließlich gibt es jene sexuell Verklemmten, die sich erregen, wenn sie jemanden erzählen hören, er habe in Amsterdam gesehen, wie es zwei miteinander trieben. Hier scheint mir die Grenze zur Perversion erreicht (außer in Fällen von offenkundigem Handicap, wenn man gezwungen ist, zu nehmen, was man kriegt).

Ich glaube, beim Fußball ist es ganz ähnlich. Fußballspielen ist eine schöne Sache, und ich bedauere noch heute, daß ich in meiner Kindheit und Jugend als Meister des Eigentors galt, weshalb ich zu wichtigen Spielen nie zugelassen wurde. Aber man kann auch versuchen, ein bißchen auf der Wiese herumzubolzen, das ist gut für die Gesundheit. Sodann kommt es vor, daß man elf Freunde hat, die besser spielen als man selbst, so daß es ziemlich erregend ist, ihnen beim Spielen zuzusehen. Ab und zu widerfährt mir das, und dann genieße ich es, als wäre ich in der Oper. Schließlich gibt es jene Leute, die den ganzen Tag damit verbringen, sich bis zur Gefahr des Herzinfarkts darüber zu ereifern, was in den Zeitungen über Spiele steht, die sie womöglich gar nicht gesehen haben. Und hier scheint mir die Grenze zur Perversion erreicht (außer in Fällen von offenkundigem Handicap, wenn man gezwungen ist, zu nehmen, was man kriegt).

Nun könnte mir jemand entgegenhalten, das gleiche gelte auch, wenn man ins Theater, in die Oper, ins Konzert gehe. Ob ich es etwa für eine minderwertige Ersatzhandlung hielte, wenn jemand hingeht, um sich die Musici oder Pavarotti anzuhören oder Vittorio Gassman zu sehen? In einem gewissen Sinne ja, nämlich wenn er niemals versucht hat, selber zu singen, ein Instrument zu spielen, wie dürftig auch immer, oder einen Text aufzusagen, sei's auch nur in der örtlichen Laienspielgruppe. Ich denke hier nicht an die Marxsche Utopie einer befreiten Gesellschaft, in der jedermann Fischer und Jäger etc. ist, aber ich denke, wer einmal versucht hat, auch nur eine Okarina zu spielen, kann besser einschätzen, was Pollini tut. Nur wer hin und wieder, sei's unter der Dusche oder beim Blumengießen, *E lucevan le stelle* zu singen versucht (oder auch bloß *Eleanor Rigby*), kann die außerordentlichen Gaben eines großen Sängers würdigen. Wer nie versucht hat, *Für Elise* zu klimpern, ist weniger in der Lage, die Darbietung eines großen Pianisten zu genießen. Man muß im Leben auch einmal selber zu singen, zu spielen, zu rezitieren versuchen (womöglich nur mit einem schönen Auftritt beim Betriebsausflug), um besser genießen zu können, was die wirklichen Könner bieten. Und wenn dann jemand käme, der zwar nie in die Oper geht, aber die ganze Woche damit verbringt, die neuesten Kritiken über Pavarotti zu diskutieren, dann würde ich, auch wenn der Fall selten ist, von Perversion sprechen.

Das alles scheinen mir sehr simple Wahrheiten zu sein. Aber es ist ziemlich schwer, sie denen verständlich zu machen, die soviel Zeit mit Diskussionen über Fußball verlieren, daß sie keine Zeit mehr dafür haben, wenigstens sonntags mit ihren Kindern ein bißchen zu kicken – womöglich unter Hinzuziehung einiger Kinder von anderen. Aber vielleicht bin ja ich hier der Perverse. Reden wir nicht mehr davon. Ich werde sobald wie möglich wieder nach Dänemark fahren.

(1994)

Das »Wilde Denken«:
Feldforschungsbericht über die Mailänder Eingeborenen

Der Tagesablauf des Mailänder Eingeborenen richtet sich nach den elementaren Rhythmen der Sonne. Frühmorgens steht er auf, um sich seinen stammestypischen Tätigkeiten zu widmen: Stahlsammeln in den Plantagen, Anbau von Metallprofilen, Gerben von Plastikstoffen, Handel mit Kunstdünger, Säen von Transistoren, Weiden von Lambrettaherden, Zucht von Alfaromeos und so weiter. Gleichwohl liebt der Eingeborene seine Arbeit nicht und tut alles nur Erdenkliche, um ihren Beginn hinauszuzögern. Dabei scheinen ihm eigentümlicherweise die Dorfhäuptlinge zu helfen, indem sie zum Beispiel die gewohnten Transportwege absperren, die alten Trambahngleise herausreißen lassen, den Verkehr behindern durch breite gelbe, auf die Saumpfade gemalte Streifen (mit klarer Tabu-Bedeutung) und schließlich an den unerwartetsten Stellen tiefe Löcher graben, so daß viele Eingeborene hineinstürzen und vermutlich den lokalen Göttern geopfert werden. Es ist schwer, das Verhalten der Häuptlinge psychologisch zu erklären, doch sicher steht diese rituelle Zerstörung der Kommunikationswege in einem Zusammenhang mit Auferstehungsriten (die Vorstellung ist offenbar: wenn Scharen von Menschen im Innern der Erde zusammengepfercht werden, gehen aus ihrer Opferung wie aus Samenkörnern neue, stärkere und robustere Individuen hervor). Doch der Stamm hat sofort mit einem unverkennbar neurotischen Syndrom auf dieses Verhalten seiner Häuptlinge reagiert, indem er einen offenbar spontan gezeugten Kult ausbildete, der ein wahrhaft exemplarisches Beispiel kollektiver Exaltation darstellt: den sogenannten »Transport-U-Bahn-Kult« *(cargo-tube cult)*. Zu bestimmten Zeiten verbreitet sich überall im Dorf »Das Gerücht«, und die Eingeborenen werden von dem fast mystischen Glauben durchdrungen, eines Tages würden enorme Gefährte in Röhren unter der Erde zirkulieren, um jedes Individuum mit wunderbarer Geschwindigkeit an jeden beliebigen Punkt der Siedlung zu bringen. Dr. Muapach, ein seriöses und gut präpariertes Mitglied meiner Expedition, hat sich sogar gefragt, ob »Das Gerücht« womöglich auf irgendwelchen realen Fakten beruht, und ist in jene Höhlen hinabgestiegen; aber er hat nichts gefunden, was das Gerede auch nur im entferntesten hätte rechtfertigen können.

Daß die Dorfältesten den Stamm bewußt im unklaren lassen wollen, beweist ein allmorgendliches Ritual, die Lektüre einer Art heiliger Botschaft, welche die Oberen ihren Untertanen im Morgengrauen zukommen lassen, ungeachtet des Namens »Abendkurier«. Das Heilige oder Hieratische dieser Botschaft wird durch die Tatsache unterstrichen, daß die darin mitgeteilten Nachrichten völlig abstrakt sind und keinerlei Bezug zur Wirklichkeit haben; in manchen Fällen ist der Realitätsbezug, wie wir feststellen konnten, zum Schein gegeben, so daß dem Eingeborenen eine Art Gegen- oder Idealrealität vorgegaukelt wird, in welcher er sich zu bewegen meint wie in einem Wald von lebenden Säulen, mit anderen Worten, in einer eminent symbolischen und heraldischen Welt.

Ständig in diesem Zustand der Verwirrung gehalten, lebt der Eingeborene in einer andauernden Spannung, die abzuführen ihm die Häuptlinge nur an den kollektiven Festen erlauben, wenn die Bevölkerung massenhaft in riesige ellipsenförmige Bauwerke strömt, aus denen ein pausenloses gräßliches Brüllen ertönt.

Wir haben vergeblich versucht, in eines dieser Gebäude hineinzugelangen; mit einer primitiven, aber höchst gerissenen Diplomatie haben uns die Eingeborenen jedesmal daran gehindert, indem sie uns aufforderten, am Eingang symbolische Botschaften vorzuweisen, die es anscheinend zu kaufen gab, aber für die man uns eine so große Zahl von Hundezähnen abverlangte, daß wir den Preis nicht hätten bezahlen können, ohne die Expedition danach abzubrechen. So blieb uns nichts anderes übrig, als die Darbietung von außen zu verfolgen. Zuerst vermuteten wir, gestützt auf das pausenlose hysterische Brüllen, es handle sich um orgiastische Riten, dann aber ging uns die schreckliche Wahrheit auf: In diesen wohlabgeschirmten Bauten obliegen die Eingeborenen, mit dem Konsens ihrer Häuptlinge, kannibalischen Riten, indem sie Menschen verzehren, die sie von anderen Stämmen käuflich erworben haben. Die Nachricht von solchen Ankäufen wird sogar in den gewohnten hieratischen Morgenbotschaften mitgeteilt, in denen man Tag für Tag eine regelrechte Chronik der gastronomischen Neuerwerbungen finden kann. Aus dieser Chronik geht hervor, daß die farbigen Fremden und die Angehörigen einiger nordischer Stämme, vor allem aber die Südamerikaner besonders geschätzt werden. Soweit wir die Sache rekonstruieren konnten, werden die Opfer in großen Portionen verschlungen, in sogenannten »Partien«, die aus mehreren Individuen zusammengesetzt sind, nach komplizierten Rezepten, die öffentlich in den Straßen bekanntgemacht werden und in denen sich eine Kunst der Dosierung nicht ohne alchimistische Untertöne ausdrückt, mit Formeln wie »2 zu 1«, »3 zu 2« oder »4 zu 0« ... Daß der Kannibalismus gleichwohl nicht nur eine religiöse Vorschrift darstellt, sondern ein weitverbreitetes und tief in der ganzen Bevölkerung eingewurzeltes Laster, zeigt sich an den enormen Summen, welche die Eingeborenen für den Ankauf von Menschenfleisch auszugeben bereit sind.

Es scheint allerdings, daß in den bessergestellten Kreisen diese allsonntäglichen Gelage eine ausgesprochene Abscheu hervorrufen, so daß im selben Moment, in dem der größere Teil des Stammes sich zu den kollektiven Menschenfressereien begibt, die anderen eine verzweifelte Flucht über alle Ausfallstraßen des Dorfes antreten, so daß sie sich im Gedränge verletzen, einander mit ihren Fahrzeugen überrollen und in blutigen Karambolagen das Leben verlieren. Es scheint, als erblickten diese anderen, von einer Art Raserei ergriffen, das einzige Heil in der Straße zum Meer.

Wie gering das Verstandesniveau der Eingeborenen ist, zeigt sich daran, daß sie offenbar gar nicht wissen, daß Mailand nicht am Meer liegt, und ihr Erinnerungsvermögen ist so schwach, daß sie sich jeden Sonntagmorgen erneut auf die übliche hektische Flucht begeben, um dann am selben Abend in verschreckten Herden zurückzukehren und Zuflucht in ihren Hütten zu suchen, bereit, ihr blindes Abenteuer über Nacht zu vergessen.

Im übrigen wird der junge Eingeborene schon von frühester Kindheit an so erzogen, daß Unsicherheit und Verwirrung die Grundlage aller seiner Handlungen bilden. Typisch in dieser Hinsicht sind die »Übergangsriten«, die in unterirdischen Lokalen stattfinden, wo die Heranwachsenden in ein von Verboten beherrschtes Sexualleben eingeführt werden. Bezeichnend dafür ist die Art, wie sie tanzen, nämlich indem sich ein Junge und ein Mädchen frontal voreinander aufstellen, mit den Hüften wackeln, die eckig angewinkelten Arme vor- und zurückbewegen, aber sorgfältig darauf achten, einander nicht zu berühren. Schon aus dieser Art zu tanzen spricht ein totales Desinteresse der beiden Partner füreinander, die darüber hinaus auch so wenig voneinander wissen, daß, wenn der eine sich vorbeugt, um die übliche Position des Geschlechtsaktes einzunehmen – dabei dessen rhythmische Phasen mimend –, der andere wie erschrokken zurückfährt und sich der Annäherung zu entziehen sucht, indem er sich rücklings manchmal bis fast zum Boden hinunterbeugt; doch im selben Moment, in dem der Vorgebeugte dem anderen so nahe gekommen ist, daß er zugreifen und sich seiner bedienen könnte, schnellt er in die Ausgangsposition zurück und stellt die Distanz wieder her. Die scheinbare Asexualität dieses Tanzes (ein echter Initiationsritus, geprägt vom Ideal der absoluten Enthaltsamkeit) kompliziert sich jedoch durch einige obszöne Details. Denn statt daß der männliche Tänzer seinen entblößten Penis normal zur Schau stellt und unter dem Beifall der Menge rotieren läßt (wie es bei uns jeder x-beliebige Junge tut, wenn er an einem Tanzfest auf der Insel Manus oder anderswo teilnimmt), hält er ihn sorgsam bedeckt (und der Leser kann sich vorstellen, welche Abscheu auch der vorurteilsloseste Zuschauer bei diesem Anblick empfinden muß). Desgleichen zeigt die Tänzerin nie ihre Brüste, sondern hält sie schamlos vor allen Blicken verborgen, wodurch sie offen zur Erzeugung unbefriedigter Wünsche beiträgt, die nicht umhinkönnen, tiefste Frustrationen hervorzurufen.

Das Prinzip der Frustration als konstitutives Element der Kinder- und Jugenderziehung scheint im übrigen auch die Versammlungen der Älteren zu bestimmen, die gleichfalls in abgesonderten Räumen stattfinden und in denen scheinbar eine Rückkehr zu den Grundwerten der natürlichen Moral gefeiert wird: Es erscheint eine Tänzerin auf einer Bühne, schlüpfrig in Gewänder gehüllt, die sie langsam auszieht, um immer mehr von ihrem Körper zu zeigen, so daß der Zuschauer annehmen muß, es bereite sich eine kathartische Lösung der angestauten Emotionen vor, die eintreten werde, sobald sich die Tänzerin schamhaft hüllenlos zeigt. In Wahrheit jedoch – und zwar auf ausdrücklichen Befehl der Häuptlinge, wie wir feststellen konnten – behält die Tänzerin bis zuletzt einige wesentliche Kleidungsstücke an oder tut bloß so, als ob sie sie abstreifen wollte, um dann jedoch im selben Moment, in dem sie dazu ansetzt, in der Dunkelheit zu verschwinden, die sich schlagartig über die Bühne legt. So verlassen die Eingeborenen diese Lokale aufgewühlt und mit ungestilltem Verlangen.

Die Frage, die sich indes dem Forscher hier stellt, ist diese: Sind die stammestypische Verwirrt- und Frustriertheit des Mailänder Eingeborenen das Ergebnis einer bewußt darauf angelegten Erziehung, oder haben sie einen tieferen Grund, der womöglich mit dem Wesen des Mailänder Raumes zusammenhängt und somit auch die Entscheidungen der Häuptlinge und der Priester bestimmt? Eine schreckliche Frage, denn falls dem so wäre, hätten wir den Finger auf die Ursprünge der den Eingeborenen eigenen magischen Mentalität gelegt und würden niedersteigen zu den dunklen Müttern, den Quellen der geistigen Nacht dieser primitiven Horde.

(1962)

Das Schöne daran, es ist live

Diesen Sommer war ich in Siena und habe mir zum erstenmal den Palio angesehen. Der Palio ist jenes große Spektakel, das mittlerweile fast jeder kennt, ich will mich hier nicht über seine Szenerie verbreiten, über seine Dramatik und über den Umstand, daß sein zentrales Ereignis, das Pferderennen auf der Piazza del Campo, Zielpunkt endloser Vorbereitungen, langgehegter Erwartungen und aufs höchste gesteigerter Spannung, nach kaum zwei Minuten wilden Galopps vorbei ist. Ich möchte vielmehr über einen Satz sprechen, den ich eine Touristin im Gespräch mit Freunden sagen hörte, nämlich: »Das Schöne daran, es ist live.«

Ein vorgefertigter Satz, die Leute sagen ihn, weil sie ihn im Fernsehen gehört haben, sie kennen ihn aus der Werbung im Fernsehen und aus den Zeitungen, die über das Fernsehen schreiben. Das ist normal. Das Interessante daran ist, daß die Leute Live-Sendungen schön und aufregend finden, heute, wo es so gut wie keine Live-Sendung mehr gibt. Als es noch welche gab, wurden sie nicht als solche erkannt.

Ich will erklären, was ich meine. Zu Anfang, während der ganzen fünfziger Jahre, brachte das Fernsehen alles live, ausgenommen einige wenige Spielfilme. Man brachte die Debatten live, die Nachrichten, die Modenschauen, die Variété-Übertragungen, den *Hamlet* und sogar die Opern, und wenn es eine Aufführung der *Aida* mit Elefanten war, brauchte man kräftige Männer, die die Dickhäuter in den Kulissen festhielten, damit sie nicht im falschen Moment auf die Bühne kamen. Im falschen Moment auf die Bühne kamen die Giraffen, aber die waren keine Tiere, sondern langhalsige Mikrophone, die oben durchs Studio manövriert wurden, in permanenter panikartiger Angst, daß sie »ins Bild kommen« könnten. Wenn die Giraffe ins Bild kam, dann – so dachte man damals ein bißchen widersprüchlich – bemerkten die Leute das Artifizielle.

Erst später begriff man, daß die Giraffen ins Bild kommen mußten, damit die Leute den Eindruck von Spontaneität hatten, auch wenn es sich um Artifizielles handelte. Damals war alles dramatisch und authentisch, die Sendungen über Kunst zeigten serienweise Gemälde und Monumente, aber in Wirklichkeit war es ein Stapel von Reproduktionen auf einem Pult, die der Reihe nach vor der Kamera weggezogen wurden, und manchmal kam es vor, daß alle zugleich herunterfielen, und alle im Studio fluchten wie die Sarazenen. Es war live, als der Staatspräsident Gronchi in der Oper vom Stuhl fiel, und es war live, als die Komiker Vianello und Tognazzi sich darüber so amüsierten, daß niemand es fertigbrachte, sie rechtzeitig zum Schweigen zu bringen. Die Aufzeichnungstechniken waren noch sehr primitiv, und eine aufgezeichnete Sendung war einfach zu häßlich. Aber das wußten die Leute nicht. Das Fernsehen war ein magischer Kasten, der von einer fernen Welt erzählte, in der es noch schwierig war, zwischen Wirklichkeit und Phantasie zu unterscheiden. Mit der Zeit hat sich das Fernsehen dann verbessert, hat exzellente Aufzeichnungstechniken entwickelt und im gleichen

Zuge erkannt, daß die Live-Wiedergabe unzuverläs-
sig, unbeholfen und mühsam ist und daher einigen
wenigen sehr dramatischen Ereignissen vorbehalten
bleiben muß. Im übrigen werden die Unterhaltungs-
und Kultursendungen besser, wenn man sie in Ruhe
und ohne riskante Improvisationen zusammenmon-
tiert.

Schließlich hat dann aber jemand entdeckt, daß
eine Unterhaltungssendung lebendiger werden kann,
wenn man sie live ausstrahlt, und so wurden manche
Sendungen als eine exzeptionelle *tour de force* an-
gekündigt (was sie tatsächlich sind), weshalb nun das
Publikum – das von sich aus nicht zwischen einer
Live-Sendung und einer Aufzeichnung unterscheiden
kann –, live für etwas besonders Schönes hält.

Tatsächlich sieht dieses Publikum hierzulande nur
sehr wenige Sendungen live, nur auf den Kanälen der
RAI und nur in seltenen Fällen. Aber es hat das Prinzip internalisiert, daß alles, was schön ist, live sei.
Und so, wie man die Kunst vergangener Zeiten privilegiert, von der uns nur wenige Überreste geblieben
sind, so privilegiert man heute die Live-Sendungen
wegen ihrer Seltenheit.

Die Palio-Touristin habe ich noch am selben Abend
wiedergesehen, in einem Lokal vor einem Fernseher,
wo sie sich gierig die verschiedenen Phasen des säu-
berlich aufgezeichneten Palio ansah, und da genoß sie
endlich die Realität, denn nun sah sie vom Palio viel
mehr als am Nachmittag auf der Piazza. Wir sind immer unzufrieden darüber, daß unsere Augen die
Dinge live sehen, denn auf diese Weise sehen sie alles
nur aus einer einzigen Perspektive und viel zu schnell,
während es eben das Schöne am Fernsehen ist, daß es

uns die Dinge aus allen Perspektiven zeigt, und sogar in Zeitlupe.

Meine Touristin hatte an jenem Abend, alles in allem, mehr Realität. Das ist das Schöne an der Aufzeichnung. Aber ich bin sicher, wenn ich sie gefragt hätte, ob ihr gefalle, was sie da im Fernsehen sah, hätte sie mir geantwortet: »Ja, denn es ist live.«

(1987)

Alessandria.
Den Nebel verstehen

Alessandria besteht aus großen leeren und verschlafenen Räumen. Aber plötzlich, an manchen Herbst- oder Winterabenden, wenn die Stadt in Nebel getaucht ist, verschwinden die Leerräume, und aus dem milchigen Grau, im Licht der Laternen, tauchen Ecken, Kanten, jähe Fassaden und dunkle Torbögen auf, in einem neuen Spiel kaum angedeuteter Formen, und Alessandria wird »schön«. Eine Stadt, dazu geschaffen, im Dämmerlicht gesehen zu werden, wenn man an den Häuserwänden entlangstreicht. Sie darf ihre Identität nur im Nebeldunst suchen, nicht im Sonnenglanz. Im Nebel geht man langsam voran, man muß die Wege kennen, um sich nicht zu verirren, aber man kommt trotzdem immer irgendwo an.

Der Nebel ist gut und belohnt diejenigen, die ihn kennen und lieben. Im Nebel zu gehen ist schöner, als durch den Schnee zu stapfen und ihn mit den Schuhen niederzutreten, denn der Nebel bestärkt dich nicht nur von unten, sondern auch von oben, du besudelst ihn nicht, du zerstörst ihn nicht, er umstreicht dich liebevoll und fügt sich wieder zusammen, wenn du weitergegangen bist, er füllt dir die Lungen wie guter Tabak, er hat einen starken und gesunden Geruch, er streicht dir über die Wangen und schiebt sich zwischen Kragen und Kinn, um dich am Hals zu kratzen, er läßt dich von weitem Gespenster sehen, die sich auflösen, wenn du näher kommst, oder er konfrontiert dich plötzlich mit vielleicht realen Gestalten, die dir jedoch ausweichen und im Nichts verschwinden. Leider müßte immerzu Krieg und Verdunkelung sein, denn nur in jenen Zeiten gab der Nebel sein Bestes, aber man kann nicht immer alles haben. Im Nebel bist du in Sicherheit vor der äußeren Welt, auf du und du mit deinem Innenleben. *Nebulat, ergo cogito.*

Zum Glück kommt es häufig vor, wenn kein Nebel über der alessandrinischen Ebene liegt, besonders am frühen Morgen, daß es »dunstet«. Eine Art von nebligem Tau, der sonst die Wiesen überglänzt, steigt auf, um Himmel und Erde ineinanderfließen zu lassen und dir leicht das Gesicht zu befeuchten. Anders als bei Nebel ist die Sicht überscharf, aber die Landschaft bleibt hinreichend monochrom, alles verteilt sich auf zarte Nuancen von Grau und tut dem Auge nicht weh. Man muß aus der Stadt hinaus und über Landstraßen fahren, besser noch über schmale Wege an schnurgeraden Kanälen entlang, auf dem Fahrrad, ohne Halstuch, mit einer Zeitung unter der Jacke, um die Brust zu schützen. Auf den Feldern von Marengo, wo das Mondlicht glänzt und dunkel ein Wald sich regt und rauscht zwischen Bormida und Tanaro, sind schon zwei Schlachten gewonnen worden (1174 und 1800). Das Klima ist anregend.

(1992)

San Baudolino

Der Schutzpatron von Alessandria ist San Baudolino
(»O San Baudolino / schütze vom Himmel herab / unsere Diözese / und das getreue Volk«). Folgendes erzählt von ihm Paulus Diaconus in seiner *Historia
Langobardorum*:

*Zur Zeit König Liutprands, an einem Ort namens
Foro, nahe am Tanaro, glänzte ein Mann von wunderbarer Heiligkeit, der mit Hilfe der Gnade Christi viele
Wunder vollbrachte, dergestalt, daß er oftmals die Zukunft voraussagte und die fernen Dinge ankündigte,
als wären sie gegenwärtig. Einmal geschah es, als der
König zur Jagd in den Wald von Orba gekommen war,
daß einer der Seinen beim Versuch, einen Hirsch zu
erlegen, mit einem Pfeil den Neffen des Königs ver-
letzte, einen Sohn seiner Schwester mit Namen Anfuso.
Als Liutprand, der den Knaben sehr liebte, das sah,
begann er über sein Unglück zu klagen und sandte
sogleich einen seiner Ritter zu dem Gottesmanne Baudolino, ihn zu bitten, er möge zu Christo beten für das
Leben des unglücklichen Kindes.*

Ich unterbreche das Zitat für einen Augenblick, um
dem Leser Gelegenheit zur Formulierung seiner Pro-
gnosen zu geben. Was hätte ein normaler, also nicht
aus Alessandria stammender Heiliger hier getan? Fahren wir nun fort und erteilen dem Paulus Diaconus
wieder das Wort:

Während der Ritter sich auf den Weg machte, starb der Knabe. Woraufhin der Prophet, als er den Ritter ankommen sah, folgendermaßen zu ihm sprach: »Ich kenne den Grund deines Kommens, aber was du verlangst, ist unmöglich, denn der Knabe ist bereits tot.« Der König, als er diese Worte vernommen, erkannte in aller Klarheit, sosehr ihn die Nichterhörung seines Gebetes auch schmerzte, daß der Gottesmann Baudolino mit prophetischem Geiste begabt war.

Ich würde sagen, Liutprand hat sich gut verhalten und die Lehre des großen Heiligen verstanden. Welche besagt, daß Wunder im wirklichen Leben nicht zu oft vollbracht werden können. Und ein Weiser ist, wer sich nach ihrer Notwendigkeit fragt. Baudolino hat das Wunder vollbracht, einen leichtgläubigen Langobarden davon zu überzeugen, daß Wunder eine sehr seltene Ware sind.

(1992)

Schulen des Lebens

Neulich hat mir ein Freund einen Witz erzählt. Ich gebe ihn gerafft wieder, eigentlich müßte man ihn mit römischem Akzent und römischer Gestik erzählen: Der Tiber ist über die Ufer getreten. Romoletto sitzt in seiner Hütte fest, das Wasser steigt und geht schon bis ans Fenster. Er kniet sich vor ein heiliges Bildchen über dem Bett und betet zum lieben Gott um Rettung. Da ertönt eine Stimme von oben: »Fürchte dich nicht, mein Sohn, hab Vertrauen, ich werde dich retten.«

Kurz darauf kommt ein Schlauchboot der Feuerwehr vorbei, und jemand ruft: »He, Romolé, spring auf, hier wird's böse enden!« Romoletto antwortet: »Macht euch um mich keine Sorgen, holt lieber die andern, ich komm schon klar!« Das Wasser steigt weiter, und Romoletto flüchtet sich aufs Dach. Ein Schlauchboot vom Roten Kreuz kommt vorbei, und jemand fordert ihn auf, rasch einzusteigen. Romoletto winkt ab, er habe schon eine Möglichkeit, sich allein durchzuschlagen. Das Wasser steigt weiter, Romoletto klammert sich an den Kamin. Ein Schlauchboot der Carabinieri kommt vorbei, und der Maresciallo ruft: »Spring auf, Romolé!« Auch diesmal winkt Romoletto, auf die himmlische Hilfe vertrauend, ärgerlich ab.

Kurz und gut, das Wasser steigt auch über den Kamin, und Romoletto ertrinkt. Er kommt wutschnaubend an die Himmelspforte und beschwert sich bei

Petrus, daß sein Chef nicht Wort gehalten habe. Petrus wundert sich: »Sonderbar, wenn der Chef etwas sagt… Na, sehen wir doch mal im Register nach. Wie heißt du? Romoletto… Romoletto… ah, hier…« Und er ergrimmt: »Was redest du denn da, von wegen, wir hätten dich vergessen? Drei Schlauchboote haben wir dir geschickt, drei Schlauchboote!«

Zunächst hielt ich den Witz für sehr katholisch und quasi manzonianisch – die Vorsehung wirkt durch Zweitursachen. Da er amüsant ist, konnte ich der Versuchung nicht widerstehen, ihn überall zu erzählen. Und dabei ist mir etwas aufgegangen: Fast alle, denen ich ihn ganz harmlos erzählte, lachten zuerst, dann gefror ihr Lachen zu einem blassen Lächeln, und schließlich dankten sie mir mit einer gewissen Bitterkeit dafür, daß ich so liebenswürdig, aber sarkastisch ihren eigenen Fall definiert hätte. Etliche dieser Fälle erriet ich; andere sind mir unklar geblieben. Dafür habe ich begriffen, daß die Geschichte von Romoletto eine Lehrfabel ist, die den »Kairos« behandelt, das heißt den günstigen Augenblick, die Chance, die man ergreifen muß und die oft unerkannt vorbeigeht. Der Witz ist nicht aus katholischem Geist geboren, er ist aus dem gleichen Stoff wie die griechische Tragödie.

Wie alle Mythen oder exemplarischen Geschichten stellt er ein offenes Muster dar, das jeder gemäß den Kontexten auffüllen kann, um zu erkennen: »de te fabula narratur«. Man kann ein Muster zur Interpretation des Lebens sowohl durch eine Tragödie in Versen bieten wie durch einen Witz. Der Witz ist im Universum der literarischen Formen das, was man eine »einfache Form« nennt, aber er ist deswegen kein weniger gültiges Beispiel für erzählende Kunst, manchmal ist er sogar aussagekräftiger, gerade durch seine Kürze (wie es im übrigen auch bei den »ernsten« Gleichnissen vorkommt).

So hat mich die Geschichte von Romoletto dazu gebracht, über das Wesen der Erzählkunst nachzudenken und damit über die neuerdings vieldiskutierte Frage, ob es noch eine Erzählkunst gebe und ob sie mit der Sprache oder mit der Erfahrung zu tun habe. Ein falsches Problem. Die Kunst des Erzählens ist ein Modus, in dem die Sprache sich in der Fabulierfunktion übt, die nicht im Artikulieren von Worten besteht, sondern im Skizzieren eines Musters zur Interpretation der Erfahrung. Was ja schon immer die Funktion der Mythen war, die sich in alle Sprachen übersetzen lassen, ohne dabei ihre Fähigkeit einzubüßen, all das zu definieren und zu erklären, was jedem von uns zwischen Geburt und Tod und darüber hinaus widerfährt, indem sie es auf einige fundamentale und sehr profunde »Figuren« zurückführen. Profund muß nicht notwendigerweise archetypisch heißen. Es gibt Kulturen, in denen der Kairos keinen Sinn hat, da es in ihnen die Zeit nicht gibt und folglich auch keinen günstigen Augenblick, der erkannt werden muß, wenn man die Zeit anhalten, beschleunigen oder umkehren will. Aber in einer Kultur, in der das Schicksal nicht kosmische Notwendigkeit ist, sondern individuelle Abrechnung mit dem Möglichen, ist die günstige Gelegenheit der Moment der Wahrheit.

Von dieser Herausforderung handelt die Geschichte von Romoletto, ebenso wie die Geschichte von Ödipus, der durchaus imstande war oder sich immerhin hätte bemühen können, den Seher Teiresias zu verstehen, der aber vor der einzigen Chance, die sich ihm bot, die Augen verschloß.

Uns dies (und anderes) zu sagen, dienen uns die Geschichten. Auch wenn es Geschichtchen sind.

(1987)

Italien ist wie ein Mississippi-Dampfer: Beim Pokern gewinnt, wer schneller zieht

Denken wir uns ein liebliches Tal mit einem schmukken Dörfchen: herrlicher Hügelkranz, unverseuchtes Land, aber unterentwickelte Gegend, Landwirtschaft in der Krise, spärlicher Gelegenheitstourismus und keinerlei sonstige Aktivitäten. Ein »Konsortium« von Unternehmern beschließt, den Tourismus anzukurbeln: die Zufahrtsstraße auszubauen, eine Disko mit vielen Attraktionen hinzustellen, ein Hotel und zwei landestypische Restaurants zu errichten. Auf der anderen Seite monieren die Umweltschützer, dadurch werde die Landschaft ruiniert (das einzige lokale Gut), die vielen Touristen würden alles mit Tüten und Plastikdosen verdrecken und der lauschige Dorfplatz würde hoffnungslos zugeparkt.

Man müßte Kompromißlösungen diskutieren, zum Beispiel nur den Agritourismus fördern. Aber auch der Agritourismus verlangt den Ausbau der Zufahrtsstraßen, und wenn das Dorf erst einmal leicht zu erreichen sei, so die Umweltschützer, könne man den lauschigen Platz jedenfalls vergessen. Der Streit verschärft sich, die Unternehmer beschimpfen die Umweltschützer als fundamentalistische Spinner, und um ihnen jedes Argument aus der Hand zu schlagen, zünden sie die umliegenden Wälder an. Die Umweltschützer betrachten die Unternehmer als profitgierige Kriminelle, und um ihre Pläne scheitern zu lassen, sprengen sie die vorhandene Zufahrtsstraße in die Luft.

Eine Einigung ist unmöglich, da sich die Vertreter der beiden Gruppen, wenn sie einander begegnen, in blutigen Raufereien aufreiben. Es ist ein Religionskrieg: Wer das Wort »Umwelt« ausspricht, ist ein Bolschewik, wer von »Entwicklung« spricht, ist ein Nazi. Man braucht nicht viel Phantasie, um sich vorzustellen, wie schlecht es um die Gegenwart und wie düster es um die Zukunft des betreffenden Dorfes bestellt ist.

Von der gleichen Art scheint mir die Konfrontation, die wir inzwischen beim Thema Justiz erreicht haben. Wir befinden uns praktisch in einem Religionskrieg (»Justizialisten« gegen »Garantisten«) oder in einer mittelalterlichen Fehde, in der man entweder Guelfe oder Ghibelline ist und die einzige Aufgabe der Guelfen darin besteht, die Ghibellinen umzubringen und umgekehrt. Positiv über die Justiz zu reden hieße, Anno 1282 in Palermo während der Sizilianischen Vesper einen französischen Akzent heraushängen zu lassen, und zu sagen, daß ein Beschuldigter Anspruch auf gewisse Rechtsgarantien habe, hieße, Anno 1848 in Mailand vor einer österreichischen Kaserne: »Viva Verdi!« zu rufen.

Für die einen ist jeder Untersuchungsrichter, der ein Ermittlungsverfahren eröffnet, der Vorbereitung eines Staatsstreichs verdächtig und jeder Bürger, der einen Ermittlungsbescheid erhält, ein Märtyrer reinsten Wassers. Für die anderen ist jeder, der auf Rechtsgarantien beharrt, ein Mafioso, und ein Staatsanwalt, der seine Arbei gut getan hat, wird gebeten, durch Handauflegen auch die Skrofulose zu heilen.

Bevor es so weit mit uns gekommen war, hätte jeder vernünftige Mensch zugegeben, daß es besonnene und kompetente Richter gibt und andere, die nicht einmal fähig sind, eine schlüssige Urteilsbegründung zu schreiben, und wieder andere (wie überall in der Welt), die korrupt sind. Deswegen gibt es Prozesse in erster, zweiter und dritter Instanz, deswegen kritisiert die Presse das Vorgehen der Justiz, deswegen bemüht man sich, Justizirrtümer wiedergutzumachen und gleichzeitig zu verhindern, daß Ermittler eingeschüchtert werden.

Ebenso hätte jeder vernünftige Mensch zugegeben, daß jede Strafverfolgungsaktion, die ihre Grenzen überschreitet, und jeder Ermittler, der sich nur selbst ins rechte Licht stellen will, kritisiert und angeprangert werden muß, daß aber gleichzeitig, wenn jemand gegen die Gesetze verstoßen hat, die Justiz sich der Sache annehmen muß, auch auf die Gefahr hin, jemanden zu Unrecht zu beschuldigen, denn dafür gibt es ja dann die Rechtsgarantien.

Das funktioniert aber nur, wenn kein Religionskrieg geführt wird, in dem einer automatisch Feind ist, wenn er positiv über das Vorgehen der Justiz spricht, oder umgekehrt, wenn er größere Garantien für die Beschuldigten fordert. Wo ein derartiger Religionskrieg tobt, können weder Justizirrtümer noch Straftaten wirklich verfolgt werden; denn entweder steht man auf der einen Seite oder auf der anderen, und so kommt es zum Dauerkonflikt zwischen zwei konträren Parteien. Begriffe wie »Gerechtigkeit« und »Straftat« haben dann keinen Sinn mehr. Gerecht ist, wer auf der eigenen Seite steht, und kriminell, wer zur anderen gehört.

Wir begreifen nicht, wie Algerien in eine Situation geraten konnte, in der die Algerier einander abschlachten und keiner sich bewußtmacht, daß sein Land in ein barbarisches Chaos versinkt. Aus der Ferne betrachtet, scheinen sie uns verrückt geworden zu sein. Aber ich frage mich, ob nicht jene Leute recht haben, die uns aus der Ferne betrachten und zu der Ansicht gelangen, daß auch wir uns – vom Blutvergießen einmal abgesehen – einem Zustand nähern, der an die Zeiten von Conan dem Barbaren erinnert.

Jemand (die Presse, Bürgerrechtsgruppen, Parteipolitiker, die für einen Moment als freie Menschen und nicht als Hörige argumentieren) müßte sich als dringendes Ziel setzen, diesen Zustand zu beenden. Denn wir sitzen hier in Italien wie an einem Tisch, an dem der eine nach den Regeln des Rommé und der andere nach denen des Pokers spielt, und da ist es nur natürlich, wenn sich das Lokal in einen Mississippi-Dampfer verwandelt, auf dem derjenige gewinnt, der seinen Revolver als erster zieht. Aber wenn beide ihn schon von Anfang an in der Hand halten und meinen, es sei politische Tugend, den Finger zuerst am Abzug zu haben, dann ist uns nicht mehr zu helfen.

(1997)

Fred Astaire und Ginger Rogers
haben die italienische Politik erfunden

Ginger Rogers ist gestorben. Ich nehme an, die Nachricht bewegt die Angehörigen meiner Generation und die Kinogänger jeden Alters, die sie immer noch vor sich sehen, wie sie in schwereloser Grazie mit ihrem unvergeßlichen Fred Astaire über das Parkett schwebt. Aus der Distanz (und mit dem Blick) des Nachgeborenen mag man bemerken, daß Fred Astaire vielleicht begabtere Partnerinnen hatte und daß Ginger, wenn sie nicht tanzte, den schweren, ein bißchen prostatischen Gang von De Sica als Maresciallo in *Brot, Liebe und Phantasie* hatte. Aber was soll's? Die beiden waren das klassische Paar, und es waren ihre luftigen Walzer und ihr hingetupfter Stepptanz, die jenen Mythos erschufen, der noch Jahrzehnte später den Fellini von *Ginger und Fred* faszinieren sollte.

Aber dies ist kein nostalgischer Nachruf. Denn mit Ginger und Fred, den wirklichen, hat sich jenes Modell des Lebens als Schau (oder Show) und der Schau als Leben durchgesetzt, das heute unsere Gesellschaft beherrscht. Auch wenn es die beiden nicht wußten und meinten, bloß ein Musical zu spielen.

Ein Musical ist bekanntlich ein Schauspiel, zuerst auf der Bühne und dann im Kino, bei dem die Personen ein bißchen sprechen und ein bißchen singen. Dies wäre schon Grund genug, um zu sagen, daß Musicals nicht wie das Leben sind, was allerdings auch für die Oper und die Operette gilt.

Das amerikanische Musical hat noch ein weiteres Merkmal: Während die Oper sich kein Gewissen daraus macht, daß ihre Personen singen anstatt zu sprechen, und es problemlos hinnimmt, daß eine schwindsüchtige kleine Näherin hohe Töne ausstößt, die inkompatibel mit dem Zustand ihrer Lungen sind, will das Musical diese Absonderlichkeit rechtfertigen. Daher ist die Geschichte, die es erzählt, fast immer die einer Handvoll Leute, die dabei sind, ein Musical auf die Beine zu stellen.

Folglich spricht das Musical immer und seinem Wesen nach von sich selbst und ist somit das Modell jenes von den Literaturkritikern für ein postmodernes Phänomen gehaltenen Meta-Romans, in dem die Hauptfigur jemand ist, der gerade einen Roman schreibt, gewöhnlich den, den der Leser gerade liest.

Damit unterstellt das Musical jedoch bereits, daß das Leben ein Schauspiel ist, denn die Nöte und Mißgeschicke, die seine Protagonisten erleiden, betreffen die gewaltige und heroische Aufgabe, ein Schauspiel auf die Bühne zu bringen. Den Abend der triumphalen Premiere zu erreichen, ist für Ginger und Fred so etwas wie für Achill der Sieg über Hektor oder für Odysseus die Eroberung Trojas. Als Leute, die sich ständig unmerklich auf der Grenze zwischen Schauspiel und Leben bewegen, wissen die Personen des Musicals nie, wann sie leben und wann sie schauspielern.

Das erklärt, warum Fred Astaire sich zu jedem galanten Rendezvous im Frack begibt und warum, wenn er Ginger in einem realistischen Film an den Bettpfosten festbinden müßte (oder sie ihn – und beide wüst übereinander herfallen müßten, wie es ihnen ihr *basic instinct* geböte), er statt dessen mit ihr auf der Terrasse tanzt. Singend. Und sublimierend.

Die Größe und Grazie von Ginger und Fred lagen darin, daß sie, während sie sich lächelnd sagten, daß das Leben ein Schauspiel ist, stets in den Grenzen des Schauspiels blieben, ohne ins Leben überzugreifen. Womit ich meine: Fred Astaire ist es nie in den Sinn gekommen, für das Amt des Präsidenten der Vereinigten Staaten zu kandidieren, bloß weil er so unnachahmlich steppen konnte.

Entgegen der Absicht des göttlichen Paars hat seine Lektion jedoch recht andere Folgen gehabt. Was wir heute »Politik als Show« nennen, ist nichts anderes als eine langsame Transformation des Grundprinzips, nach dem das Musical funktioniert. Bedenken wir nur, daß auch bei der hitzigsten politischen Diskussion im Fernsehen das Thema nicht mehr heißt: »Wie soll das Land regiert werden?«, sondern: »Wie inszeniert man eine gute politische Diskussion?« Diskutiert wird über die Regeln der Diskussion und über die möglichst gleiche Verteilung der Chancen. Der Moderator bemüht sich zu zeigen, wie er unter Verwendung der raffiniertesten Technologien eine gute Diskussion moderiert. Tags darauf geben die Zeitungen ihre Urteile ab, sowohl über die Diskussion im ganzen wie über die einzelnen Tanzschritte der Diskutanten.

Während man früher einerseits lebte und Politik machte und andererseits ins Theater oder ins Kino ging, um denen zuzusehen, die sich Ohrfeigen gaben, macht man heute Politik, indem man sich Ohrfeigen gibt und auf den Beifall derer hofft, die in der Absicht, am politischen Leben teilzunehmen, vor der Mattscheibe hocken und denen zusehen, die sich Ohrfeigen geben.

Dies erklärt auch, warum das Repertoire der Politiker auf ein paar Grundformeln und starre Gedanken reduziert ist, und warum, nach dem Muster des Musicals, das Spiel der Mißverständnisse und Verwechslungen dominiert. Ginger glaubte immer, daß Fred ein anderer sei, und Fred, daß sie einen anderen liebe; beide taten alles, um das Mißverständnis hervorzurufen, und am Ende sorgte dann die Situation selber für das Dementi. Nicht anders kommt einem heute die Politik vor.

Mit einer letzten, unvorhersehbaren Folge: Auch die Zuschauer haben beschlossen, sich am Schauspiel zu beteiligen. Sie scheinen bei Meinungsumfragen über ihr Wahlverhalten gerne zu lügen. Und so ist der vermeintliche Sieger im Stepptanzschritt in die Arme einer Ginger gesunken, die längst einen anderen liebte.

(1995)

Die Modi der kulturellen Moden

Das Nationalspiel der gebildeten Italiener besteht aus
drei Zügen, die Doktor Weiß gegen Doktor Schwarz
spielt (genauere Angaben zur Dynamik der »Spiele«
finden sich in Eric Berne, *Spiele der Erwachsenen* –
man wird gleich verstehen, warum ich mich so beeile,
eine Inspirationsquelle zu zitieren: ich liefe sonst
Gefahr, dem zweiten Zug des Lesers Weiß als Autor
Schwarz zu erliegen).

Erster Zug

SCHWARZ: »Leute wie diese da müßte man umbringen!«
WEISS: Der übliche italienische Provinzialismus. In
England weiß man seit über zehn Jahren, daß Töten
nichts hilft. Lesen Sie nur mal …«

Zweiter Zug

SCHWARZ: »Ich hab's mir überlegt. Ich glaube, man
sollte nie einen Menschen töten.«
WEISS: »Scheint mir keine sehr originelle Idee. Hat
schon Gandhi gesagt.«

Dritter Zug

SCHWARZ: »Na gut, ich finde, Gandhi hatte recht.«
WEISS: »Klar, natürlich, wir haben ja jetzt die Mode
des Pazifismus!«

Die Formel ist endlos variierbar. Zum Beispiel: 1) Kinder sollten keine Comics lesen. – Irrtum, lesen Sie nur mal die soziologischen Studien der Amerikaner ... 2) Okay, die habe ich auch gelesen und finde, die sind nicht schlecht. – Scheint mir keine sehr originelle Entdeckung, vor vierzig Jahren hat bereits Gilbert Seldes in *Seven Lively Arts* ... 3) Na gut, mit Seldes bin ich einverstanden ... – Klar, natürlich: Jetzt sind ja bei uns die Comics in Mode!

Oder 1) Bei Manzoni in den *Promessi sposi* finden sich einige lyrische Aufschwünge, niedergehalten durch die im ganzen unpoetische Struktur. – Irrtum, lesen Sie mal die amerikanischen Studien über narrative Strukturen ... 2) Ich hab's mir überlegt, auch die Handlung hat einen poetischen Wert. – Tolle Entdeckung, das wußte schon Aristoteles. 3) Gut, und was meinen Sie wohl, wer recht hatte? – Klar, natürlich, jetzt machen ja alle auf Aristoteliker!

Das vorgeschlagene Spiel ist nicht aus der Luft gegriffen. Wenn etwas den ausländischen Gastredner in einem unserer kulturellen Zirkel frappiert, dann der Einwand, daß alles, was er da sage, schon jemand anders gesagt habe. Gewöhnlich versteht der Ausländer nicht, warum er sich darüber grämen soll. Was er nicht weiß: Kaum hat er ausgeredet und ist gegangen, wird jeder, der sich mit seinen Ansichten einverstanden erklärt, des Konformismus geziehen. Nach drei Versuchen kann sein italienischer Fan ihn nicht mehr zitieren.

Es gibt keinen Ausweg aus diesem Spiel, denn es beruht auf drei unanfechtbaren logisch-anthropologischen Grundprinzipien, nämlich: 1) für jede irgendwo aufgestellte Behauptung findet sich eine früher schon anderswo aufgestellte Gegenbehauptung; 2) für jede irgendwann aufgestellte Behauptung findet sich ein Fragment der Vorsokratiker, das sie antizipiert; 3) jede Einverständniserklärung mit einer These macht, sobald sie von mehr als einer Person bekundet wird, die Ansichten dieser Person als »ähnlich« oder »konform« definierbar.

Das soeben beschriebene Nationalspiel macht die Italiener besonders empfänglich für jene Gefahr, die man gemeinhin als »kulturelle Mode« bezeichnet. Bestrebt, auf dem laufenden und modern zu sein und streng mit denen, die es nicht ebenso sind, neigen die Italiener dazu, jeden Gedanken parasitär zu finden, der sich aus Modernitätsbestrebungen anderer ergibt, und die (erwünschte) Modernität als Mode zu verdammen. Da ihr Streben nach Modernität sie den Gefahren der Mode aussetzt, fungiert ihre Strenge gegenüber den Modernitätsbestrebungen anderer als Korrektiv und bewirkt, daß die Modernisierungen immer nur kurz und vorübergehend sind, also genau eben »Moden«. Infolgedessen bilden sich kulturelle Strömungen und Bewegungen nur mit Mühe, denn eifersüchtig wachen die Weißen über die Schwarzen und stimulieren sie zu fortwährendem Stellungswechsel, wobei jeder Weiße zum Schwarzen eines anderen wird, der seinerseits vorher ein Schwarzer war. So neutralisiert das Streben nach Modernität im Verein mit der Angst vor Moden die Modernisierung und stärkt eben gerade die Moden.

Dieser Zustand könnte nun eine gewisse äquilibristische Dauerhaftigkeit und eine nicht unschöne Grazie haben, sozusagen als permanentes Ballett der kritischen Intelligenz, wenn nicht die Entwicklung der Massenmedien ein weiteres Element ins Spiel gebracht hätte, nämlich die Präsenz der Italiener, die sich für Fußball interessieren.

Angeregt durch die rasche popularisierende Zirkulation der Zeitungen und Illustrierten erfahren die italienischen Fußballfans von dem Spiel, das in den Oberklassen gespielt wird. Doch sie erfassen von ihm nur einige Elemente, so daß sie den Zyklus Ignoranz–Information–Konsens–Widerwillen nur halb absolvieren. Sie treten gewissermaßen erst beim dritten Zug in das Spiel ein, wenn der Spieler Schwarz gerade einer herrschenden, von anderen formulierten These zustimmt, und fixieren sich auf die Entdeckung, ohne zu merken, daß derselbe Spieler, von Weiß geschlagen, die These angewidert verwirft und eine neue Partie beginnt. Infolgedessen dauert die Mode in den unteren Klassen länger (in Form von Sprachgebräuchen, Rückgriffen auf stereotype Argumente und Klischees) als in den herrschenden Klassen (wobei die Unterteilungen in herrschende Klassen und Proletarier hier Trennlinien folgen, die nicht unbedingt mit der ökonomischen Realität zu tun haben müssen).

Daher kann es interessant sein, das Aufkommen, Andauern und Zerfallen einer Reihe von kulturellen Moden über ein Jahrzehnt zu verfolgen. Ihre Fortdauer zeigt sich an bestimmten Automatismen, Zitaten, journalistischen Aberrationen verschiedener Art; ihr Zerfall bezeugt die Flüchtigkeit der gebildeten Spieler, eine bei uns verbreitete schmerzliche Unfähigkeit, Anregungen und Ideen, Forschungslinien, Thematiken und Probleme keimen und reifen zu lassen.

Besonders interessant kann es sein, diese Entwicklung über ein Jahrzehnt zu verfolgen, das (nach einer berühmt gewordenen Formel von Arbasino) das Jahrzehnt des »Ausflugs nach Chiasso«* genannt worden ist: Eine provinzielle italienische Kultur, die sich während der zwanzig Jahre des Faschismus über die eigene Zaghaftigkeit hinwegtröstete, indem sie der Diktatur vorwarf, sie verwehre ihr die Kenntnis dessen, was jenseits der Grenzen geschah (dabei war es nicht einmal nötig, bis nach Chiasso zu fahren, um zu wissen, was anderswo publiziert wurde: Gramsci brachte es sogar noch im Gefängnis fertig, eine Menge zu lesen), beschränkte sich auch in den ersten Jahren nach der Befreiung darauf, ihr schamhaftes Schattendasein zu pflegen. Als dann die sechziger Jahre kamen, brach die Modernisierung wie eine Flut über sie herein und verschlang ihre Kinder, überschüttete sie aus den Spalten der »Kulturseiten«, mit der Bücherschwemme und in den Kiosken voller Paperbacks. Die Entdeckungen wurden zu Sensationen, die Sensationen zu Sprachgewohnheiten, die Sprachgewohnheiten zu Marotten und die Marotten zu Unfug.

Das traurige Schicksal des Wortes »Entfremdung« zeigt exemplarisch, wie groß der Nachholbedarf war: ein ehrwürdiger Begriff, eine schreckliche Realität, eine kulturelle Gegebenheit, mit der die Studenten auf ihre Weise ohne Traumata umgingen, wurde plötzlich zur gängigen Münze. Der inflationäre Gebrauch, der die Organe entwickelt, macht die Begriffe stumpf.

---

* Nach Chiasso an die Grenze zur Schweiz fuhr in den fünfziger Jahren (und fährt noch heute) der italienische Spießer, um ein bißchen Ausland zu schnuppern.

73

Den hier ins Auge gefaßten richtete er zugrunde, und es war gut, daß es Leute gab, die den Exzeß anprangerten. Doch die Angst vor dem Exzeß schloß auch jenen den Mund, die noch besonnen und verantwortlich reden konnten. Ich kenne einen Philosophiestudenten, der jahrelang an einer Dissertation über den Begriff der Entfremdung bei Marx gearbeitet hatte und dann zwischen 1961 und 1962 gezwungen war, den Titel seiner Arbeit zu ändern, um noch ernst genommen zu werden. Andere haben indessen nicht nur den Titel, sondern auch gleich das Thema gewechselt. Eine triste Geschichte.

Ich weiß nicht, ob wir es jemals schaffen werden, uns zu ändern. Hier eine Episode, die mir zustößt, während ich die Fahnen dieses Aufsatzes korrigiere:

Entspanntes Gespräch mit einem Freund, den ich seit langem nicht mehr gesehen habe, er ist jetzt Professor an einer kleinen Provinzuniversität, versunken in Probleme der klassischen Philologie, aber mit wachem Interesse für die kulturellen Strömungen, die gerade »in Mode« sind – distanziert natürlich, mit einem Anflug von Ironie, aber geistig noch immer rege. Ich erzähle ihm, daß ich in Amerika Roman Jakobson getroffen habe. Er lächelte: »Zu spät. Gerade jetzt nehmen sie ihn auseinander ...« – »Wer nimmt ihn auseinander?« – »Na, alle. Er ist doch passé, oder nicht?«

So ist das also. Jakobson wird im vorigen Jahrhundert geboren. Er nimmt am Moskauer Zirkel teil, er geht durch die Oktoberrevolution, er kommt nach Prag, erlebt die zwanziger Jahre, überlebt den Nazismus, beginnt das amerikanische Abenteuer, überlebt den Krieg, stellt sich der neuen strukturalistischen

Generation und wird als Großmeister akklamiert, überlebt die jüngsten der neuen Generation, erobert die kulturellen Märkte, die ihn bisher ignorierten, wird siebzig, überlebt die neuen Schulen der slawischen, der französischen und der amerikanischen Semiotik, in der er weiterhin führend bleibt, tritt aus jeder Erfahrung ungebrochen hervor, einhellig anerkannt von der internationalen Kultur, macht Fehler, gewiß, überlebt aber noch seine eigenen Fehler ... Nur in Italien, wo er 1964 erstmals zitiert, 1965 gelesen und 1966 übersetzt wird, überlebt er ein knappes Jahr später nicht die Erosion der italienischen Intelligenz. *Quod non fecerunt barbari ...* Drei Jahre Bekanntheit in Italien, und er ist erledigt, passé. Um noch an die Gültigkeit seiner Lehren zu glauben, muß man sehr jung, sehr naiv, sehr retiriert oder sehr emigriert sein. Inzwischen geht es bereits darum, Noam Chomsky so schnell wie möglich veralten zu lassen, möglichst noch ehe er übersetzt wird (wenn man sich anstrengt, kann man es gerade noch schaffen). Unternehmungen dieser Art kosten Kräfte, gewiß, aber hinterher ist man zufrieden.

Es ist nicht nötig, eine Vestalin des Wissens zu sein, um zu erkennen, daß kulturelle Moden, wenn sie aufkommen und sich verbreiten, Unverständnis, Verwirrung und Mißbräuche stiften. Wir beklagen die kulturellen Moden. Wer je sich ernsthaft mit einem Thema befaßt hat, das dann später modisch geworden ist, kennt das Unbehagen, das einen befällt, wenn man kein Wort mehr gebrauchen kann, ohne fürchten zu müssen, daß es falsch interpretiert, aus dem Kontext gerissen und nur noch als Banner geschwenkt wird, als Etikett und Erkennungszeichen. Heutzutage kann

nicht einmal mehr ein Bauforscher von »Strukturen«
sprechen, ohne gleich als modischer »Strukturalist«
zu gelten, das alles ist leider nur allzu wahr. Und
dennoch steckt in der Indignation über Moden auch
etwas Hochmütiges und Arrogantes (dritter Zug im
vorgeschlagenen Spiel), das nicht weniger Schaden
anrichtet als die Moden.

Kulturelle Moden kommen nicht auf, wenn man
eine streng in Klassen geteilte oder streng spezialisierte Kultur hat. Eine Klassenkultur erlaubt, daß Themen und Probleme auf einer Ebene zirkulieren, die
den Massen unerreichbar ist: Der Geschmack des Duc
de Berry erzeugt keine Mode, schon weil er sich nur
in einer einzigen Handschrift niederschlägt, und niemandem fällt es ein, die Stundenbilder auf Schals für
Minirockträgerinnen zu drucken.

Eine spezialisierte Kultur verteidigt sich durch ihre
Unzugänglichkeit. Das Wort »Relativität« hat noch eine
gewisse Welle ausgelöst, die Theorie der Maxwell-
schen Gleichungen nicht.

Das Problem der Moden entsteht immer dann,
wenn die kulturelle Gegebenheit aus verschiedenen
Gründen von der Spitze zur Basis durchsickert, beför-
dert durch breitere Divulgationstechniken (womit jede
Verbreitungstechnik gemeint ist, vom Plakat über die
Presse bis zum Fernsehen). Die Verbreitung rekrutiert neue Teilnehmer an der Kultur, um sie in die Spezialisierung einzuführen, doch sie bezahlt diese Re-
krutierung mit einem gewissen Maß an Vergeudung
und Verschleiß: Die Termini und Begriffe, die sie in
Umlauf bringt, gehen durch zu viele Hände, um unbe-
schädigt wieder an die Spitze der Pyramide zurückzukehren.

Zugleich erzwingt das Übermaß an Spezialisierung einen Ansatz zur Interdisziplinarität. Interdisziplinarität bedeutet Kontakt und Verständnis zwischen Menschen, die in verschiedenen Fächern oder Bereichen der Spezialisierung arbeiten. Der Kontakt erfolgt auf zweierlei Weise: Zunächst muß der Spezialist eines Faches dem Spezialisten eines anderen Faches die Bedeutung seiner Termini und die Grenzen ihres Geltungsbereiches erklären; dann müssen beide versuchen, die jeweils im eigenen Fach- und Sprachbereich geltenden Elemente in Termini zu übersetzen, die sich dem Fach- und Sprachbereich des anderen assimilieren lassen. Bei dieser Arbeit des Umgießens (an der eine ganze Kultur mitarbeitet) geht viel daneben und fließt auf den Boden. Die Übersetzungsversuche erzeugen übereilte Metaphern, Mißverständnisse und forcierte Jagden nach scheinbarer Modernisierung. Wie die vertikale Verbreitung von der Spitze zur Basis produziert auch die horizontale von einem Sektor zum anderen Inflation.

Doch wenn dem so ist, dann sind die kulturellen Moden die unvermeidliche Konsequenz einer Dynamisierung der Kultur. Im gleichen Maße, wie eine Kultur lebendig ist, bemüht um permanente Revision und Kommunikation zwischen ihren verschiedenen Stufen, produziert sie für jeden Aspekt, in dem sie sich exponiert, eine Mode. Und diese Moden entstehen keineswegs nur als Bodensatz, als Abfall- und Randprodukt des authentischen kulturellen Prozesses, sondern sie bilden zugleich seinen Dünger und seinen Nährboden. Denn Übergabe und Übernahme von Wissen erfolgen nicht nach Kriterien der absoluten Reinheit, wer die Lehren anderer übernimmt oder sich in eigene Termini übersetzt, geht häufig erst einmal durch das Vorfeld der kulturellen Moden und nimmt ein Problem zunächst unkorrekt wahr, bevor er es richtig erfaßt. Die kulturellen Moden sind für den Fortschritt einer Kultur so essentiell, daß diese oft nur durch den Anreiz der Mode ihre künftigen Führer rekrutiert.

Daher muß sich eine Kultur angesichts der Moden, die sie erzeugt, nicht so sehr das Problem ihrer Unterdrückung stellen als vielmehr das ihrer Kontrolle. Die Arbeit einer Kultur besteht nicht nur in der Produktion von spezialisiertem Wissen, sondern auch von spontanem und verbreitetem Wissen; und – was die Kritik der Auswüchse des spontanen Wissens betrifft – nicht nur darin, sie zu unterdrücken, sondern auch Verbindungen herzustellen, Gelegenheiten zu fördern und neues Fachwissen daraus hervorzutreiben in einer mehr oder minder geordneten Bewegung, in welcher das Mißverständnis nicht selten zum Glücksfall wird. Eins jedenfalls ist sicher: Eine Kultur, die keine Moden erzeugt, ist eine statische Kultur. Es gab und gibt keine Moden in der Kultur der Hopi oder der Aloresen. Denn es gibt in ihr keinen Fortschritt. Die kulturellen Moden sind die Wachstumsakne des kulturellen Fortschritts. Wenn sie zu heftig unterdrückt werden, bilden sich nur um so schneller neue. Und dann wird die kulturelle Mode als Dauermodell zum sichtbarsten Ausdruck jener Kultur, die sich als Kultur der rasch wechselnden Moden darstellt. Dies genau ist heute unser Problem. Wir müssen uns keine Sorgen machen, weil es kulturelle Moden gibt, sondern weil sie zu schnell überwunden werden.

Die französische Kultur, die reifer als die italienische ist, erträgt die strukturalistische Mode seit zehn Jahren bestens, ohne sich ihrer zu schämen, obwohl sie ihre Auswüchse kennt. Was in unserer Kultur besorgniserregend ist, sind nicht die zahllosen Dummköpfe, die bei jeder Gelegenheit vollmundig von »Struktur« reden, auch wenn es am wenigsten paßt, sondern das Bewußtsein, daß man mit diesen Dummköpfen sehr bald allzu radikal aufräumen wird. Die Unterschätzung der Bakterienfunktion (im botanischen Sinne) der Dummköpfe ist ein Zeichen von kultureller Unreife.

Andererseits, wenn eine Kultur, die keine Moden erzeugt, eine statische ist, ist eine Kultur, die ihre Moden unterdrückt, eine reaktionäre. Der erste Zug aller Konservativen besteht immer darin, die Neuheit als Mode abzustempeln: so schon Aristophanes mit dem Sokratismus, so Cicero mit den Cantores Euphorionis, und so immer weiter bis zu den Indignationen unserer heutigen Saubermänner Papinianischen und Giuliottianischen Gedenkens.

Wenn eine Mode lange anhält, stellt sie die Strenge, die sie genommen hat, in anderer Form wieder her. Die Gefahr ist, daß sie zu kurz anhält.

(1967)

Phänomenologie des Quizmasters
(Mike Bongiorno)

Der Mensch, den die Massenmedien umwerben, ist
letztlich der unter allen seinesgleichen am meisten
Respektierte: Man verlangt von ihm nie, etwas anderes zu werden als das, was er schon ist. Mit anderen
Worten, man weckt in ihm Wünsche, die man zuvor
anhand seiner Neigungen modelliert hat. Da jedoch
eine der narkotisierenden Kompensationen, auf die
er Anspruch hat, die Flucht in den Traum ist, hält
man ihm gewöhnlich Ideale vor, denen er strebend
nacheifern kann. Um ihm dabei aber jede Verantwor-
tung abzunehmen, sorgt man dafür, daß diese Ideale
de facto unerreichbar sind, so daß sich sein Streben
nach ihnen in einer bloßen Projektion erschöpft und
nicht in eine Reihe effektiv auf Veränderung zielender
Handlungen mündet. Kurzum, man fordert ihn auf,
ein Mensch mit Kühlschrank und Farbfernseher zu
werden, das heißt, so zu bleiben, wie er ist, und le-
diglich die Gegenstände, die er besitzt, um einen
Kühlschrank und einen Farbfernseher zu vermehren;
zum Ausgleich setzt man ihm als Ideal Figuren wie
Kirk Douglas oder Superman vor. Das Ideal des Kon-
sumenten der Massenmedien ist ein übermensch-
liches Wesen, das er nie wirklich zu werden bean-
sprucht, aber das in der Phantasie zu verkörpern er
sich vergnügt, so wie man vor dem Spiegel das Gewand eines anderen anprobieren kann, ohne auch
nur daran zu denken, es eines Tages zu tragen.

Die neue Lage, in die uns das Fernsehen hier bringt, ist nun diese: Das Fernsehen bietet als Ideal, mit dem sich der Zuschauer identifizieren soll, nicht mehr den Supermann, sondern den Jedermann. Das Fernsehen präsentiert als Ideal den totalen Durchschnittsmenschen. Im Theater erscheint Juliette Greco auf der Bühne und erzeugt sofort einen Mythos, begründet einen Kult; Josephine Baker entfesselte Anbetungsrituale und gab einer ganzen Epoche den Namen. Im Fernsehen kann das magische Gesicht der Juliette Greco noch so oft erscheinen, der Mythos bildet sich nicht; das Idol ist nicht sie, sondern die Ansagerin, und die beliebteste Ansagerin ist die, die am besten die Durchschnittswerte verkörpert: bescheidene Schönheit, begrenzten Sex-Appeal, einen diskutablen Geschmack und eine gewisse häusliche Ausdruckslosigkeit.

Nun stellt der Durchschnitt im Bereich der quantitativen Phänomene nicht nur einen Mittelwert dar, sondern auch für den, der noch nicht so weit gelangt ist, ein Ziel. Wenn Statistik nach dem bekannten Witz diejenige Wissenschaft ist, für die ein Mann, der täglich zwei Hühner verzehrt, und ein anderer Mann, der keines verzehrt, zusammen zwei Männer ergeben, die jeder täglich ein Huhn verzehren – dann ist für den, der nichts hat, ein halbes Huhn täglich schon etwas Erstrebenswertes. Bei den qualitativen Phänomenen hingegen entspricht die Nivellierung auf den Mittelwert einer Nivellierung auf Null. Ein Mann, der *alle* moralischen und intellektuellen Tugenden »in mittlerem Maße« hat, befindet sich unversehens auf einer minimalen Entwicklungsstufe. Die aristotelische »Mittigkeit« ist ein ausgeglichener Umgang mit den eigenen Leidenschaften, gestützt auf die erkennende Tugend der »Klugheit«, während einer, der seine Leidenschaften in mittlerem Maße auslebt und eine durchschnittliche Klugheit hat, ein klägliches Exemplar der menschlichen Gattung ist.

Den eklatantesten Fall einer Reduktion vom Supermann zum Jedermann haben wir in Italien in der Gestalt des TV-Quizmasters Mike Bongiorno und seiner Karriere. Idolisiert von Millionen, verdankt dieser Mann seinen Erfolg der Tatsache, daß aus jeder Handlung und jedem Wort der Figur, die er vor den Fernsehkameras verkörpert, eine absolute Mittelmäßigkeit spricht, verbunden mit (und dies ist die einzige Tugend, die er im Übermaß besitzt) einem direkten und natürlichen Charme, der sich durch die Tatsache erklären läßt, daß an ihm keinerlei Künstlichkeit oder Schauspielerei zu erkennen ist. Man möchte fast sagen: er verkauft sich als das, was er ist, und das, was er ist, ist so geartet, daß es keinem Zuschauer Minderwertigkeitsgefühle verursacht, nicht einmal dem unbedarftesten. Im Gegenteil, der Zuschauer sieht das Abbild seiner eigenen Beschränktheit glorifiziert und offiziell mit den Insignien einer nationalen Autorität ausgezeichnet.

Um diese enorme Macht des Quizmasters zu verstehen, ist eine Analyse seiner Verhaltensmuster erforderlich, eine regelrechte Phänomenologie des Mike Bongiorno – wobei selbstverständlich dieser Name nicht den Mann bezeichnet, sondern den von ihm so exemplarisch verkörperten Typ.

Mike Bongiorno ist nicht sonderlich gut aussehend, athletisch, mutig oder intelligent. Er repräsentiert, biologisch gesprochen, einen bescheidenen Grad von

Anpassung an die Umwelt. Die hysterische Schwärmerei, mit der ihn die Teenager anhimmeln, ist zum Teil auf den Mutterkomplex zurückzuführen, den er in jungen Mädchen auszulösen vermag, zum Teil darauf, daß er durchblicken läßt, er könnte ein idealer Liebhaber sein, feinfühlig, fügsam, zärtlich und zuvorkommend.

Mike Bongiorno schämt sich seiner Unwissenheit nicht und hat keinerlei Drang, sich zu bilden. Er läßt sich auf Kontakte mit den höchsten Sphären des Wissens ein und geht jungfräulich unversehrt aus ihnen hervor, womit er im Zuschauer die natürliche Neigung zur Apathie und geistigen Faulheit bestärkt. Er achtet sorgfältig darauf, den Zuschauer nicht zu beeindrukken, indem er sich nicht nur unwissend zeigt, sondern auch entschlossen, nichts dazuzulernen.

Zum Ausgleich dafür legt Mike Bongiorno eine ehrliche und urwüchsige Bewunderung für den Gebildeten an den Tag. Dabei hebt er dessen manuelle Fertigkeiten hervor, sein Gedächtnis, seine evidente und elementare Methodik: Bildung erwirbt man, indem man viele Bücher liest und sich gut merkt, was in ihnen steht. Nicht im mindesten kommt ihm der Verdacht, daß Kultur eine kritische und kreative Funktion haben könnte. Er sieht sie als etwas rein Quantitatives. Und so gesehen (eben weil man, um gebildet zu sein, viele Jahre lang viele Bücher gelesen haben muß) ist es nur natürlich, daß der vom Schicksal nicht dazu Ausersehene gleich auf jeden Versuch verzichtet.

Mike Bongiorno bekundet ein grenzenloses und von größter Achtung genährtes Vertrauen in den Experten; ein Professor ist ein Gelehrter, er repräsentiert die autorisierte Kultur. Er ist der kompetente

Fachmann, ihm als dem Zuständigen für das Thema stellt man die Fragen.

Die Bewunderung für Kompetenz und Kultur tritt freilich erst dann voll zutage, wenn jemand mit seiner Bildung Geld verdient. Dann nämlich stellt sich heraus, daß Bildung tatsächlich einen Nutzen hat. Der Mittelmäßige lehnt es ab, etwas hinzuzulernen, aber er nimmt sich vor, seinen Sohn studieren zu lassen.

Mike Bongiorno hat einen kleinbürgerlichen Begriff vom Geld und seinem Wert (»Denken Sie nur, jetzt haben Sie schon hunderttausend Lire gewonnen, das ist doch ein schönes Sümmchen!«). Er antizipiert die gnadenlosen Überlegungen, die der Fernsehzuschauer über den Quizteilnehmer anstellt: »Was meinen Sie, wie froh Sie über das viele Geld sein werden, Sie, der Sie immer mit einem so bescheidenen Einkommen leben mußten. Haben Sie jemals so viel Geld in der Hand gehabt?«

Wie die Kinder kennt Mike Bongiorno die Leute nach Berufen und spricht sie mit einer komischen Ehrerbietung an (Kinder sagen: »Entschuldigen Sie, Frau Wärterin …«), wobei er jedoch immer die gewöhnlichste und vulgärste, oft abschätzige Bezeichnung wählt: »Herr Straßenfeger, Herr Bauer …«

Er akzeptiert alle Mythen seiner Gesellschaft. Der adligen Dame küßt er die Hand und erklärt, er tue das, weil es sich bei ihr um eine Gräfin handele.

Neben den Mythen akzeptiert er auch die Konventionen der Gesellschaft. Er verhält sich väterlich herablassend gegenüber den einfachen Leuten und ehrerbietig gegenüber den Höhergestellten.

Als einer, der Geld zu verteilen hat, neigt er instinktiv dazu, ohne es klar auszusprechen, mehr in Begriffen von Almosen als von Gewinn zu denken. Er scheint zu glauben, in der Dialektik der Klassen sei das einzige Mittel zum Aufstieg die Vorsehung (die gelegentlich das Gesicht des Fernsehens annehmen kann).

Mike Bongiorno spricht ein *basic italian*. Seine Sprache erreicht ein Höchstmaß an Simplizität. Er verbannt die Konjunktive und Nebensätze aus seiner Rede, es gelingt ihm beinahe, die syntaktische Dimension ganz verschwinden zu lassen. Er vermeidet Pronomen, um die Substantive dauernd in voller Länge zu wiederholen. Er bildet nur extrem kurze Sätze, er wagt sich nie an Einschübe oder Parenthesen, er gebraucht keine elliptischen Ausdrücke, macht keine Anspielungen und benutzt nur Metaphern, die längst zum normalen Sprachschatz gehören. Seine Sprache ist streng referentiell und wäre die reine Freude für Neopositivisten. Man braucht sich nicht im geringsten anzustrengen, um ihn zu verstehen. Jeder x-beliebige Zuschauer hat das Gefühl, im Zweifelsfalle beredter zu sein.

Mike Bongiorno kann sich nicht vorstellen, daß es auf eine Frage mehr als bloß eine Antwort geben könnte. Varianten sieht er mit Mißtrauen an. *Nabucco* und *Nabuccodonosor* sind nicht dasselbe: Auf gegebene Daten reagiert er wie ein Elektronengehirn, denn er ist fest davon überzeugt, daß A gleich A ist und *tertium non datur*. Aristotelisch aus Mangel, ist seine Pädagogik daher konservativ, paternalistisch und immobil.

Mike Bongiorno hat keinerlei Sinn für Humor. Er lacht, weil er mit der Realität zufrieden ist, nicht weil er fähig wäre, sie zu verzerren. Mit Paradoxen kann er nichts anfangen; wird er mit einem konfrontiert, wiederholt er es kopfschüttelnd und zugleich amüsiert, als wollte er sagen, der Gesprächspartner sei ein sympathischer Spinner; er weigert sich zu vermuten, daß im Paradox eine Wahrheit verborgen sein könnte, jedenfalls betrachtet er es nicht als zulässiges Ausdrucksmittel einer Meinung.

Er vermeidet jede Polemik, auch bei Themen, wo sie durchaus erlaubt ist. Er zögert nicht, sich nach den Bizarrerien des Wissens zu erkundigen (eine neue Strömung in der Kunst, eine abstruse Wissenschaftsdisziplin ... »Sagen Sie mal, man redet heute so oft von diesem Futurismus. Was ist das eigentlich genau, dieser Futurismus?«). Hat er die Antwort bekommen, versucht er die Frage nicht zu vertiefen, sondern gibt lieber seine höfliche Mißbilligung als braver Durchschnittsbürger zu verstehen. Trotzdem respektiert er die Meinung des anderen, aber nicht aus liberaler Überzeugung, sondern aus Desinteresse.

Von allen zu einem Thema möglichen Fragen wählt er die, die jedem beliebigen als erste einfallen und von jedem zweiten als zu banal verworfen würde: »Was soll dieses Bild darstellen?« – »Wieso haben Sie ein Hobby gewählt, das so gar nichts mit Ihrer Arbeit zu tun hat?« – »Wie kommt man auf den Gedanken, sich mit Philosophie zu beschäftigen?«

Er treibt die Klischees zu ihren äußersten Konsequenzen. Ein von Nonnen erzogenes Mädchen ist tugendsam, ein Mädchen mit bunten Strümpfen und Pferdeschwanz ist »keß«. Er fragt die Brave, ob sie so werden wolle wie die andere; darauf hingewiesen, daß die Gegenüberstellung beleidigend ist, tröstet er die andere, indem er ihre körperlichen Vorzüge rühmt und so wieder die erste demütigt. In diesem schwindelerregenden Wirbel von einem Fauxpas zum anderen versucht er gar nicht erst, sich in Umschreibungen zu retten. Die Umschreibung ist bereits eine Raffinesse, und Raffinessen gehören zu einer Welt, die Mike Bongiorno fremd ist. Für ihn hat, wie gesagt, jedes Ding einen Namen und nur diesen einen, der rhetorische Kunstgriff ist eine Verfälschung des Echten. Im Grunde entspringt der Fauxpas immer einem Akt unverblümter Ehrlichkeit; ist die Ehrlichkeit beabsichtigt, so haben wir es nicht mit einem Fauxpas zu tun, sondern mit einer Herausforderung oder Provokation; zum Fauxpas (worin Bongiorno brilliert, nach Meinung der Kritiker und des Publikums) kommt es genau dann, wenn man aus Versehen oder Unüberlegtheit ehrlich ist. Je mittelmäßiger der Mittelmäßige ist, desto größer ist auch seine Tolpatschigkeit. Mike Bongiorno tröstet ihn damit, daß er den Fauxpas zur Würde einer rhetorischen Figur erhebt, und das im Rahmen eines sowohl vom zuständigen Sender wie von der zuschauenden Nation abgesegneten Protokolls.

Mike Bongiorno freut sich ehrlich mit dem Sieger, denn er honoriert den Erfolg. Am Verlierer höflich desinteressiert, zeigt er sich gleichwohl betroffen, wenn dieser in ernsthafte Schwierigkeiten gerät, und macht sich zum Promotor einer Wohltätigkeitsrunde, nach welcher er Zufriedenheit äußert und das Publikum zur Zufriedenheit überredet. Dann eilt er zu anderen Besorgungen weiter, bestärkt im Glauben an die Existenz der besten aller möglichen Welten. Er hat keine Ahnung von der tragischen Dimension des Lebens.

So überzeugt Mike Bongiorno das Publikum durch

ein lebendiges und triumphierendes Beispiel vom Wert der Mediokrität. Er provoziert keine Minderwertigkeitskomplexe, obwohl er sich selbst als Idol präsentiert, und das dankbare Publikum lohnt es ihm mit seiner Liebe. Er repräsentiert ein Ideal, das zu erreichen sich niemand anstrengen muß, denn jeder ist schon auf seinem Niveau. Keine Religion war je so nachsichtig mit ihren Gläubigen. In ihm hebt sich die Spannung zwischen Sein und Seinsollen auf. Er sagt zu seinen Verehrern: Ihr seid Götter; bleibt, wie ihr seid.

(1961)

Multiples Drehbuch für
Luchino Visconti

Lesbische hanseatische[a] Baronin[b] verrät ihren Ge-
liebten[c], einen Arbeiter bei VW[d], durch Denunzia-
tion[e] bei der Polizei[f]. Er stirbt[g], woraufhin sie voller
Reue[h] ein großes orgiastisches[i] Fest[j] mit Transvestiten[k] in den Souterrains der Oper[l] veranstaltet, um
sich dortselbst zu vergiften[m].

Abwandlungen

a   bayerische; sizilianische; vatikanische; welfische;
b   Herzogin; Pharaonentochter; Marquise; Daimler-
    Benz-Aktionärin; k.u.k. Musikerin;
c   ihre Geliebte; ihren Gatten; ihren Sohn, mit dem
    sie inzestuöse Beziehungen hat; ihre Schwester,
    mit der sie inzestuöse Beziehungen hat; den Ge-
    liebten ihrer Tochter, mit dem sie inzestuöse Be-
    ziehungen hat und den sie mit ersterem betrügt;
    den   SS-Obersturmbannweltanschauungsgötter-
    dämmerungsführer von Oberschlesien; den Lust-
    knaben ihres impotenten und rassistischen Gat-
    ten;
d   Fischer auf Rügen; Monteur bei Hoch-Tief; River-
    boat gambler; Mad Doctor in einem Nazi-KZ;
    Kommandant der leichten Kavallerie des Pharaos;
    Feld-Adjutant des Marschalls Radetzky; Leutnant
    bei Garibaldi; Gondoliere;
e   durch falsche Angaben über die zu befolgende
    Route; indem sie ihm eine falsche Geheimbot-

schaft anvertraut; indem sie ihm ein Rendezvous auf einem Friedhof in der Nacht zum Karfreitag verspricht; indem sie ihn als Rigolettos Tochter verkleidet und in einen Sack steckt; indem sie eine Falltür im Salon des Schlosses ihrer Ahnen öffnet, während er, verkleidet als Marlene Dietrich, das Lied vom König in Thule singt;

f bei Marschall Radetzky; beim Pharao; bei Tigellinus; beim Herzog von Parma; beim Fürsten Salinas; beim SS-Oberstammdeutschkrimalinterpolphallusführer von Hinterpommern;

g singt eine Arie aus der *Aida*; sticht auf einem Fischkutter in See Richtung Malta und läßt nichts mehr von sich hören; wird während eines wilden Streiks mit Eisenstangen verprügelt; wird von einem Trupp Ulanen im Solde des Prinzen von Homburg sodomisiert; holt sich eine Geschlechtskrankheit durch sexuelle Kontakte mit Vanina Vanini; wird als Sklave an den Sultan verkauft und, nachdem ihn die Borgias auf dem Flohmarkt wiedergefunden haben, von Pharaos Tochter als Bettvorleger benutzt;

h ganz ohne Reue und rasend vor Freude; verrückt geworden; zum Klange von Balalaikas am Lido badend;

i mystisches; dramatisches; barockes; algolagnisches; skatologisches; sadomasochistisches;

j Leichenbegängnis; satanisches Ritual; Tedeum;

k mit verdorbenen Kindern; mit Homosexuellen aus Deutschland; mit Chorsängern aus dem *Troubadour*; mit Lesbierinnen im Gewand bourbonischer Soldaten; mit Kardinal Ruffo und Garibaldi; mit Dario Fo; mit Gustav Mahler;

l   auf dem Friedhof Père Lachaise; in Hitlers Bunker; auf einem Schloß im Schwarzwald; in Abteilung 215 der Fiat-Nutzfahrzeugwerke; im Hotel des Bains am Lido von Venedig;

m   den ganzen *Ring des Nibelungen* anzuhören; burgundische Lieder auf einer Guimbarde zu spielen; sich auf dem Gipfel des Festes zu entkleiden, um darzutun, daß sie in Wahrheit ein Mann ist, und sich alsdann zu entmannen; an Schwindsucht zu sterben, in kostbare Gobelins drapiert; flüssiges Wachs zu trinken und im Musée Grévin begraben zu werden; sich von einem Dreher die Kehle durchschneiden zu lassen, während sie dunkle Prophezeiungen murmelt; zu warten, bis das Hochwasser auf den Markusplatz kommt, und sich darin zu ertränken.

(1972)

Multiples Drehbuch für Antonioni

Eine[a] trostlose[b] Weite[c]. Sie[d] entfernt sich[e].

Abwandlungen

a Zwei, drei, unzählige; ein Netz von; ein Labyrinth von; ein;

b leere; endlose; im Ungewissen verschwimmende; im Sonnenglast diesige; neblige; durch großmaschige Eisengitter unpassierbar gemachte; radioaktive; durch Weitwinkelobjektiv verzerrte;

c Insel; Stadt; Autobahnknoten; Autobahnraststätte; U-Bahnhof; Ölfeld; Wüste; Hotelsiedlung an der Adria; Hochhausviertel vor den Toren von Rom; Röhrenlager unter freiem Himmel; Autofriedhof; Fiat-Werk am Sonntagmorgen; Industrieausstellung nach Feierabend; Raumfahrtzentrum am Nationalfeiertag; Campus der University of California in Berkeley, wenn die Studenten in Washington demonstrieren; Flughafen Fiumicino bei Fluglotsenstreik;

d Er; beide;

e steht da; befühlt lange einen Gegenstand; entfernt sich, bleibt ratlos stehen, macht zwei Schritte zurück und entfernt sich von neuem; bleibt stehen und wird von der Kamera umkreist; blickt ausdruckslos in die Kamera und faßt sich dabei an den Kragen.

(1972)

Alighieri, Dante: »Die Göttliche Komödie«.
Ein Lektoratsgutachten

Dieser Alighieri ist zwar ein typischer Sonntagsautor (im Berufsleben gehört er der Apothekerzunft an), doch seine Arbeit läßt unbestreitbar ein gewisses technisch-formales Talent erkennen, desgleichen auch einen beachtlichen epischen »Atem«. Die Arbeit – geschrieben in der toskanischen Volkssprache – setzt sich aus ca. hundert »Gesängen« in Terzinen zusammen und liest sich streckenweise durchaus interessant. Besonders feinsinnig erscheinen mir die astronomischen Beschreibungen sowie einige knappe und prägnante theologische Urteile. Leichter zu lesen und in der Themenwahl populärer ist der dritte Teil des Buches, der Fragen behandelt, die eher nach dem Geschmack der Mehrheit sind, Alltagsprobleme eines möglichen Lesers wie etwa die ewige Seligkeit, die mystische Gottesschau und die Gebete zur Heiligen Jungfrau. Dunkel und prätentiös ist dagegen der erste Teil, durchsetzt mit primitiver Erotik, Gruselmomenten und wirklich obszönen Stellen. Dies ist bereits einer der nicht wenigen Punkte, die gegen eine Annahme sprechen, denn ich frage mich, wie der Leser diesen Teil überstehen soll, der an Erfindungsreichtum nicht mehr enthält als ein x-beliebiges Handbuch über das Totenreich, ein Moraltraktat über die Sünde oder die *Legenda aureae* des Jacopo da Varagine.

Das entscheidende Hindernis ist jedoch die von unausgegorenen Avantgarde-Aspirationen diktierte Wahl des toskanischen Dialekts. Daß unser gewohntes Latein heute innovatorische Anstöße braucht, ist inzwischen communis opinio (und keineswegs nur in kleinen Avantgardezirkeln), aber es gibt eine Grenze, wenn nicht in den Gesetzen der Sprache, so doch zumindest in der Akzeptanzkapazität des Publikums. Wir haben ja gesehen, was aus der Operation mit den sogenannten »sizilianischen Dichtern« geworden ist, deren Werke ihr Verleger eigenhändig vertreiben mußte, indem er sie per Fahrrad in die Buchläden brachte, wo sie dann in den Ramschkisten landeten.

Außerdem, wenn wir erst einmal damit anfangen, eine Dichtung in toskanischer Mundart zu verlegen, werden wir bald auch eine in ferraresischer und eine weitere in friaulischer usw. herausbringen müssen, um die marktbeherrschende Stellung nicht zu verlieren. Sicher, derlei avantgardistische Unternehmungen steigern das Renommee, aber mit einem so monströsen Buch wie diesem hier kann man sich nicht darauf einlassen. Ich persönlich habe nichts gegen Reime, aber die quantitierende Metrik ist bei den Lyriklesern immer noch die beliebteste, und ich frage mich, ob ein normaler Mensch sich diese endlose Reihe Terzinen mit Genuß reinziehen kann, besonders wenn er, sagen wir, aus Mailand oder Venedig stammt. Denken wir lieber an eine gute populäre Reihe, die zu erschwinglichen Preisen Texte wie etwa die *Mosella* von Decimus Magnus Ausonius oder die *Carmina Burana* reprintet. Überlassen wir den Avantgardezeitschriften die numerierten Editionen der Merseburger Zaubersprüche: *»Ben zi bena ...«* Feine Sachen, Sprachfutter für Hypermodernisten.

(1972)

Frauen, tut, was Dante sagt: Bleibt, wo ihr hingehört!

Man muß auch mal versuchen, den Papst zu verstehen. Sicher kommen uns die Argumente, die er benutzt, um den Frauen das Priesteramt zu verweigern, schwer vertretbar vor, aber man darf nicht vergessen, daß der Papst die Tradition wahren muß. Und die Tradition ist, was sie ist, sehen wir sie uns einmal an. Beginnen wir mit der Genesis. Ich will mich hier nicht auf die heikle Frage einlassen, ob jene Entität, die in den Übersetzungen gewöhnlich »Gott« genannt wird, durch den biblischen Text in Geschlechtsbegriffen charakterisiert wird. Da halte ich mich heraus. Aber zweifellos ist das erste menschliche Geschöpf ein männliches Wesen, und diesem männlichen Wesen (Adam) wird das erste Gebot gegeben, das den Baum der Erkenntnis des Guten und Bösen betrifft. In welcher Sprache Gott mit Adam gesprochen hat, ist schwer zu sagen, und seit den Zeiten der Kirchenväter ist sogar vorgebracht worden, es habe sich entweder um eine sozusagen rein geistige Beziehung von Herz zu Herz gehandelt oder um eine Kommunikation durch atmosphärische Phänomene wie Donner, Blitz und Windesrauschen.

Tatsächlich ist der Schöpfer der ersten natürlichen Sprache zweifellos Adam, denn nachdem Gott auf irgendeine Weise zu ihm »gesprochen« hat, bringt er alle Vögel des Himmels und alle Tiere des Feldes zu ihm, auf daß Adam einem jedem den ihm gebührenden Name gebe. Welche Sprache es war, die Adam bei dieser Gelegenheit erfand, ist jahrhundertelang umstritten geblieben; nicht alle stimmten darin überein, daß es das Hebräische war, und im siebzehnten Jahrhundert hat sogar jemand behauptet, es sei das Chinesische gewesen. Übrigens hat man sich auch jahrhundertelang gefragt, warum bei der Gelegenheit nicht auch die Fische benannt worden sind (vielleicht wurden sie später sukzessive benannt, immer wenn Adam einen von ihnen fing und in der Pfanne briet – ein Vorschlag, den Augustinus in *De Genesi ad litteram* gemacht hat, wenn auch ohne die Pfanne).

Erst an diesem Punkt wird Eva geschaffen, und da sie aus dem Manne gemacht worden ist, wird sie von Adam *išša* genannt, was die weibliche Form von *iš* (Mann, Gatte) ist, weshalb es die Vulgata mit *virago* übersetzt – und das ist, auch wenn es nicht wie heute im Italienischen ein Mannweib bezeichnet, jedenfalls eine Ableitung von *vir*.

Es hilft also nichts, die Frau kommt als zweite, und welch ein Zufall: ihr erstes Gespräch hat sie mit der Schlange. Sie, die Virago, fällt darauf rein (man muß es wirklich so sagen), wie ein reifer Apfel vom Baum fällt, und nun sagt selbst: Darf man das Verabreichen der Sakramente einer so gedankenlosen Person überlassen, die, kaum daß man ihr Ausgang gibt, Arm in Arm mit dem Fürsten der Finsternis loszieht?

Um zu verstehen, wie drückend diese biblische Episode in den Vorstellungen der Christenheit lastet, braucht man sich nur einmal anzusehen, wie ein Mann auf den Text reagiert hat, dem gemeinhin eine gewisse intellektuelle Güteklasse nicht abgesprochen wird, nämlich Dante Alighieri – der ja vor allem dafür in die Geschichte eingegangen ist, daß er eine Frau idealisiert und praktisch vergöttlicht hat. Im ersten Buch seiner Abhandlung *De vulgari eloquentia* diskutiert er über die Entstehung der Sprache, doch bevor er das Problem anpackt, stellt er eine höchst sonderbare Behauptung auf, die es wert ist, hier zitiert zu werden (Kapitel iv): »Folgt man dem, was die Genesis am Anfang sagt, wo die Heilige Schrift den Ursprung der Welt behandelt, so ergibt sich, daß als erste von allen Wesen eine Frau gesprochen hat, nämlich Eva... Dennoch, obwohl in den Texten zu finden ist, daß als erste eine Frau gesprochen hat, ist es vernunftgemäßer dafürzuhalten, daß es der Mann war, der als erster gesprochen hat, und es ist abwegig, nicht zu denken, daß ein so edler Akt der menschlichen Gattung eher den Lippen eines Mannes als denen einer Frau entquollen sein muß.«

Danach erörtert Dante die Frage, welches der erste Freudenschrei und die erste Bekundung der Dankbarkeit war, mit der sich Adam an seinen Schöpfer gewandt hat. Am unglaublichsten daran ist, daß Dante den biblischen Text vor Augen hatte, dem er entnehmen konnte, daß in jedem Fall Adam vor Eva gesprochen hatte, nämlich als er den Tieren Namen gab. Die Exegeten diskutieren, ob Dante von einem ersten richtigen Dialog sprechen wollte, als welchen man zweifellos das Gespräch zwischen Eva und der Schlange ansehen kann. Das Frappierende ist jedoch, daß Dante den biblischen Text in einer Weise gelesen hat, die ich als hysterisch definieren würde. Dante war sogar bereit, die Bibel zu korrigieren, so groß war seine Angst, man könnte womöglich für möglich halten, daß eine Frau als erste gesprochen habe.

Ich wiederhole, es war kein misogyner, von Sexualphobie durchdrungener Prediger, der so gedacht hat, sondern Dante, ein nahezu exemplarischer Vater und Gatte und ein idealer Liebhaber. Was also wollt ihr da von den anderen erwarten?

Die Macht der Tradition ist tief verankert – man bedenke nur, daß es ihr gelungen ist, jahrhundertelang vergessen zu lassen, daß auch Jesus und seine Jünger zu der verfluchten Rasse der gottesmörderischen Juden gehörten! Wie kann man den Frauen das Priesteramt anvertrauen, wenn man von Anfang an als schreckliches Unglück gefürchtet hatte, nicht nur, daß eine Frau sagen könnte: »Ego te absolvo« oder »Dies ist mein Leib«, sondern sogar, daß sie als erste gesagt haben könnte: »Guten Tag, Schlange, wie geht's?«

Also, Frauen, bleibt, wo ihr hingehört. Das hat auch Dante gesagt.

(1993)

Wie man Eis ißt

Als ich klein war, kaufte man den Kindern zwei Arten von Eis, die es bei jenen weißen Wägelchen mit silberglänzenden Deckeln gab: entweder die Tüte zu zwanzig oder die Waffel zu vierzig Centesimi. Die Tüte zu zwanzig war sehr klein und paßte genau in eine Kinderhand, sie wurde erzeugt, indem man das Eis mit der halbkugelförmigen Eiszange aus dem Behälter holte und auf den eßbaren Waffelkegel stülpte. Die Großmutter riet, nur den oberen Teil dieses Kegels zu essen und die Spitze wegzuwerfen, da sie vom Eisverkäufer angefaßt worden war (aber der untere Teil war der beste und knusprigste, weshalb man ihn heimlich aß, nachdem man ihn nur zum Schein weggeworfen hatte).

Die Waffel zu vierzig wurde mit einer ebenfalls silberglänzenden Spezialmaschine hergestellt, die zwei runde Waffelscheiben gegen einen flachen Eiszylinder preßte. Man fuhr mit der Zunge so lange zwischen die Scheiben, bis sie den in der Mitte verbliebenen Rest nicht mehr erreichte, dann aß man das Ganze mitsamt den Scheiben auf, die inzwischen weich und von Nektar durchtränkt waren. Hier hatte die Großmutter keine Ratschläge zu geben: theoretisch waren die Waffeln nur von der Maschine berührt worden, praktisch hatte der Eisverkäufer sie zwar angefaßt, um sie zu überreichen, aber es war unmöglich, die infizierte Zone zu bestimmen.

Ich war jedoch fasziniert von einigen Altersgenossen, die sich von ihren Eltern nicht ein Eis zu vierzig, sondern zwei zu zwanzig kaufen ließen. Die solcherart Privilegierten kamen dann stolz mit einem Eis in der Rechten und einem in der Linken daherspaziert und leckten, behende den Kopf drehend, mal von dem einen und mal von dem andern. Diese Liturgie erschien mir so beneidenswert luxuriös, daß ich viele Male darum bat, sie ebenfalls zelebrieren zu dürfen. Vergeblich. Meine Eltern waren unerbittlich: ein Eis zu vierzig ja, aber zwei zu zwanzig auf keinen Fall.

Wie jeder sieht, konnten weder die Mathematik noch die Ökonomie, noch auch die Ernährungslehre diese Verweigerung rechtfertigen. Und nicht einmal die Hygiene, wenn man voraussetzte, daß anschließend beide Kegelspitzen weggeworfen wurden. Eine klägliche Rechtfertigung argumentierte wahrheitswidrig, daß ein kleiner Junge, der damit beschäftigt sei, den Blick abwechselnd von einem Eis zum anderen zu wenden, leichter über Steine, Stufen oder Unebenheiten stolpern könne. Dunkel schwante mir, daß es einen anderen Grund geben mußte, einen brutal pädagogischen, den ich aber nicht zu finden vermochte.

Heute, als Angehöriger und Opfer einer Zivilisation des Konsums und der Verschwendung (was die der dreißiger Jahre nicht war), begreife ich, daß meine Eltern recht hatten. Zwei Eis zu zwanzig statt einem zu vierzig waren ökonomisch gesehen keine Verschwendung, aber sie waren es im symbolischen Sinne. Eben darum begehrte ich sie: weil zwei Eiskugeln einen Exzeß suggerierten. Und eben darum wurden sie mir verweigert: weil sie unanständig wirkten, wie Hohn auf das Elend, Prunken mit falschen Privilegien, prahlerisch ausgestellter Wohlstand. Nur verzogene Kinder aßen zwei Eiskugeln, jene, die in den Märchen zu Recht bestraft werden, wie Pinocchio, als er die Birnenschale und den Griebs verschmäht. Und Eltern, die solche Unarten kleiner Parvenüs auch noch förderten, erzogen ihre Kinder zu dem dummen Theater des »Ich würde ja gern, aber ich kann nicht« oder, wie wir heute sagen würden, bereiteten sie darauf vor, beim Check-in in der Touristenklasse mit einem falschen Gucci-Koffer zu erscheinen, den sie bei einem ambulanten Händler am Strand von Rimini gekauft haben.

Die Fabel droht keine Moral zu haben in einer Welt, in der die Zivilisation des Konsums inzwischen auch die Erwachsenen verschwenderisch haben will und ihnen immer noch etwas mehr verspricht, von der kleinen Uhr an der Waschpulvertonne bis zum Anhänger als Geschenk für den Käufer der Illustrierten. Wie die Eltern jener beidhändigen Genießer, die ich so sehr beneidete, scheint die Zivilisation des Konsums uns mehr zu geben, aber faktisch gibt sie uns für vier Zehner (im besten Falle) das, was vier Zehner wert ist. Wir werfen das alte Radio weg, um das neue zu kaufen, das einen Kassettenteil mit Autoreverse hat, aber einige unerklärliche Schwächen in seinem Innern sorgen dafür, daß dieses neue Radio nur ein Jahr hält. Der neue Kombiwagen hat Ledersitze, zwei von innen einstellbare Seitenspiegel und ein Armaturenbrett aus Holz, aber er ist viel empfindlicher als der gute alte Cinquecento, der sich, auch wenn er liegenblieb, mit einem Fußtritt wieder in Gang bringen ließ.

Doch die Moral von damals wollte uns eben alle spartanisch haben, und die von heute will uns alle als Sybariten.

(1989)

Wie man ein Inventar erstellt

Die Regierung verspricht, man werde bald etwas tun, um die Autonomie der Universitäten zu sichern. Im Mittelalter waren die Universitäten autonom und funktionierten besser als heute. Die amerikanischen Universitäten, von deren Perfektion so fabelhafte Dinge erzählt werden, sind autonom. Die deutschen Universitäten sind von den Bundesländern abhängig, aber regionale Regierungen sind beweglicher als Zentralverwaltungen, und bei vielen Fragen, wie etwa der Berufung von Professoren, ratifiziert die Landesregierung nur noch pro forma, was die Universität beschlossen hat. In Italien läuft ein Wissenschaftler Gefahr, wenn er aufdeckt, daß das Phlogiston nicht existiert, am Ende Axiomatik des Phlogistons zu lehren, denn ist der Begriff erst einmal in die ministeriellen Listen gelangt, kann er nur noch geändert werden um den Preis langwieriger Verhandlungen zwischen sämtlichen Hochschulen des Landes, dem Obersten Wissenschaftsrat, dem Ministerium und einigen anderen Behörden, deren Namen mir entfallen sind.

Die Forschung schreitet voran, wenn jemand einen Weg sieht, den vorher niemand gesehen hatte, und ein paar andere Leute mit großer Entscheidungsfreiheit beschließen, ihm Glauben zu schenken. Bedarf es aber, um einen Stuhl in Sterzing zu verrücken, erst einer Entscheidung in Rom, nach Anhörung von Chivasso, Terontola, Afragola, Montelepre und Decimomannu, so ist klar, daß er frühestens dann verrückt wird, wenn es nichts mehr nützt.

In Italien stockt die Forschung freilich auch deshalb, weil die Bürokratie uns zwingt, viel Zeit mit der Lösung lächerlicher Probleme zu vertun. Ich bin Direktor eines Universitätsinstituts und mußte als solcher vor ein paar Jahren, wie alle meine Kollegen, ein sehr detailliertes Inventar der beweglichen Güter des Instituts erstellen. Die einzige Angestellte, die mir zur Verfügung stand, hatte tausend andere Dinge zu tun. Man konnte eine Privatfirma mit der Inventur beauftragen, die dafür 300 000 Lire verlangte. Das Geld war vorhanden, aber nur in einem Fonds für »inventarisierbares Material«. Wie kann man eine Inventur für inventarisierbar erklären?

Ich mußte eine Kommission von Logikern einberufen, die ihre Forschungen für drei Tage unterbrachen. Sie befanden, daß in der Frage etwas Ähnliches vorliege wie im Paradox der Gesamtmenge der Normalmengen. Dann beschlossen sie, daß der Akt des Inventarisierens, da ein Ereignis, kein inventarisierbarer Gegenstand sei, aber zwangsläufig der Erstellung von Inventaren vorausgehe, welche ihrerseits, da Objekte, inventarisierbar seien. Die private Firma wurde gebeten, uns nicht den Akt des Inventarisierens in Rechnung zu stellen, sondern dessen Ergebnis, und so machten wir Inventur. Ich hatte seriöse Gelehrte mehrere Tage lang von wichtigen Aufgaben abgehalten, aber ich hatte eine Gefängnisstrafe wegen Veruntreuung öffentlicher Gelder vermieden.

Einige Monate später kam der Pedell und eröffnete mir, es fehle an Klopapier. Ich sagte ihm, er solle welches kaufen. Die Institutssekretärin wies mich darauf hin, daß wir nur noch Gelder für inventarisierbares Material hätten, und gab zu bedenken, daß neues Klopapier zwar inventarisiert werden könne, aber daß Klopapier zum Zerfall tendiere, und wenn es einmal zerfallen sei, verschwinde es aus dem Inventar. Ich berief also eine Kommission von Biologen ein, um zu erfahren, wie man gebrauchtes Klopapier inventarisieren könne. Theoretisch sei das schon möglich, wurde mir als Antwort zuteil, aber die menschlichen Kosten seien sehr hoch.

Ich berief eine Kommission von Juristen ein, die mir schließlich die Lösung lieferte, nach der ich seither verfahre: Ich nehme das Klopapier in Empfang, inventarisiere es und lasse die Rollen aus wissenschaftlichen Gründen auf die Toiletten des Instituts verteilen. Wenn das Papier dann verschwindet, erstatte ich Anzeige wegen Diebstahls von inventarisiertem Material durch Unbekannte. Leider muß ich die Anzeige jeden zweiten Tag wiederholen, und ein Inspektor des staatlichen Sicherheitsdienstes hat bereits schwerwiegende Bedenken gegen die Leitung eines Instituts vorgebracht, in welches Unbekannte so leicht und in so regelmäßigen Abständen infiltrieren können. Ich werde verdächtigt, aber ich habe mich gut abgesichert, mich kriegen sie nicht.

Das Dumme ist nur: Um diese Lösung zu finden, habe ich illustre Wissenschaftler tagelang von gemeinnützigen Forschungen abhalten müssen, habe öffentliche Gelder in Form von Zeit des lehrenden und nicht lehrenden Personals, von Telefonaten und Portokosten vergeudet. Aber niemand wird der Veruntreuung von Staatsgeldern bezichtigt, wenn alles nach dem Buchstaben des Gesetzes verläuft.

(1986)

Nonita

Das vorliegende Manuskript ist uns vom Oberaufseher des kommunalen Gefängnisses einer piemontesischen Kleinstadt übergeben worden. Die unbestimmten An- gaben, die der Mann über den mysteriösen Häftling ge- macht hat, der es in seiner Zelle zurückließ, der Nebel, der das Schicksal des Verfassers umgibt, und eine ge- wisse allgemeine, unerklärliche Reserviertheit derer, die den Schreiber dieser Zeilen gekannt haben, lassen uns keine andere Wahl, als uns mit dem zu begnügen, was wir wissen, und in aller Bescheidenheit den erhal- tenen Teil des Manuskripts (das übrige ist von Mäusen zerfressen) hier wiederzugeben, so daß sich der Leser ein Bild von dem außergewöhnlichen Schicksal dieses Umberto Umberto machen kann (doch war jener my- steriöse Häftling nicht womöglich Vladimir Nabokov, den es seltsamerweise in die piemontesischen Hügel verschlagen hatte, und zeigt dieses Manuskript nicht die Kehrseite des proteischen Immoralisten?), auf daß man diesen Seiten schließlich entnehme, was ihre ver- borgene Lehre ist: maskiert unter Libertinage eine Lehre von höchster Moral.

Nonita. Blume meiner Jugend, Unruhe meiner Nächte. Werde ich dich je wiedersehen? Nonita. Nonita. No- nita. Drei Silben, wie eine Negation aus Süße: No. Ni. Ta. Nonita, mögest du mir in Erinnerung bleiben, bis dein Bild Finsternis ist und dein Ort Grab.

Ich heiße Umberto Umberto. Als die Sache geschah,

unterlag ich glühend dem Sieg der Jugend. Nach Aussage derer, die mich kannten (nicht derer, die mich jetzt sehen, Leser, abgemagert in dieser Zelle, während der erste Anflug eines Prophetenbartes mir die Wangen verhärtet), nach Aussage derer, die mich zu jener Zeit kannten, war ich ein strammer Ephebe mit einem Schatten von Melancholie, den ich vermutlich den meridionalen Genen eines kalabrischen Ahnen verdanke. Die Mädchen, die ich kannte, begehrten mich mit der ganzen Heftigkeit ihres blühenden Leibes und machten mich zur tellurischen Unruhe ihrer Nächte. Doch ich entsinne mich kaum jener Mädchen, denn ich war grausige Beute einer ganz anderen Leidenschaft, und meine Blicke streiften kaum ihre Wangen, wenn sie im Gegenlicht golden erglänzten von einem seidigen und transparenten Flaum.

Ich liebte, geneigter Leser, und zwar mit der Tollheit meiner eifernden Jahre, ich liebte jene, die du mit zerstreuter Fühllosigkeit »die Alten« nennen würdest. Ich begehrte aus tiefster Tiefe meiner blutjungen Fasern jene Geschöpfe, die schon gezeichnet sind von der Strenge eines unerbittlichen Alters, gebeugt vom schicksalsschweren Gewicht ihrer achtzig Jahre, grausig ausgehöhlt vom begehrenswerten Gespenst der Vergreisung. Um sie zu bezeichnen, diese der Mehrheit unbekannten Frauen, denen die schlüpfrige Indifferenz der habituellen *usagers* rescher fünfundzwanzigjähriger Friulanerinnen keine Beachtung schenkt, werde ich, Leser, – auch hierin beherrscht von den Anfällen einer ungestümen Gelehrtheit, die mir jede Geste der Unschuld verwehrt –, einen Ausdruck verwenden, den für treffend zu halten ich nicht verzage: Pärzchen, *parquettes*.

Ihr, die ihr über mich richtet *(toi, hypocrite lecteur,* *mon semblable, mon frère)*, was wißt ihr schon von der morgendlichen Jagdbeute, die sich im Sumpf dieser unserer unterirdischen Welt dem listenreichen Liebhaber kleiner Parzen bietet! Ihr, die ihr nachmittags durch die städtischen Anlagen streift auf eurer banalen Jagd nach soeben erblühten Mädchen, was wißt ihr von der verstohlenen, einsamen, grinsenden Jagd, die der Liebhaber kleiner Parzen zwischen den Parkbänken alter Gärten betreiben kann, im weihrauchgeschwängerten Dunkel der Kirchen, auf den Kieswegen stiller Friedhöfe in der Vorstadt, sonntags an den Ecken der Altersheime, vor den Toren der Nachtasyle, in den psalmodierenden Reihen der Heiligenprozessionen, bei den Wohltätigkeitsveranstaltungen, auf der Lauer in einem amourösen, überaus engen und leider erbarmungslos keuschen Hinterhalt, um aus der Nähe jene vulkanisch zerfurchten Gesichter zu sehen, jene wäßrigen, vom Star getrübten Augen, das Zittern der ausgedörrten Lippen, eingezogen in die erlesene Höhlung eines zahnlosen Mundes, zuweilen benetzt von einem schimmernden Strom ekstatischen Speichels, die knotigen Hände nervös im schlüpfrigen und provozierenden Tremolo eines unendlich langsam gebeteten Rosenkranzes!

Kann ich dir jemals, freundlicher Leser, das verzweifelte Schmachten nach jener flüchtigen Augenbeute vermitteln, das spasmische Beben bei gewissen kaum wahrnehmbaren Kontakten, eine flüchtige Ellenbogenberührung im Gedränge der Trambahn (»Pardon, Madame, wollen Sie sich nicht setzen?« Oh, satanischer Freund, wie wagtest du es, den feuchten Dankesblick anzunehmen und das knappe »Vielen Dank, junger Mann« – du, der du lieber an Ort und Stelle deine bacchantisch wüste Komödie der Besitzergreifung inszeniert hättest?), das leichte Streifen eines venerablen Knies, *strisciando* von deiner Wade berührt zwischen zwei Sitzreihen in der nachmittäglichen Leere eines Vorstadtkinos, oder – sporadischer Augenblick engsten Kontaktes – das verhalten zärtliche Drücken des knochigen Arms einer Greisin, der du mit beflissener Pfadfindermiene über die Straße halfst!

Die Wechselfälle meines naßforschen Alters bescherten mir freilich auch andere Begegnungen. Wie ich schon sagte, ich hatte einen gewissen Charme mit meinen gebräunten Wangen und den zarten Zügen eines von morbider Virilität befallenen Mädchens. Ich ignorierte durchaus nicht die Liebe der Heranwachsenden, doch ich unterzog mich ihr wie einer Pflichtübung, um meinem Alter Genüge zu tun. Ich entsinne mich eines Abends im Mai, kurz vor Sonnenuntergang, als ich im Garten einer aristokratischen Villa – es war im Varesischen, unweit des roten Sees der sinkenden Sonne – im Schatten eines Busches mit einer entkleideten, ganz von Sommersprossen bedeckten Siebzehnjährigen lag, die sich in einem wahrhaft beängstigenden Rausch von Liebesgefühlen befand. Und gerade als ich ihr lustlos den ersehnten Merkurstab meiner schwellenden Wundertätigkeit überließ, sah ich, Leser, erriet ich gleichsam in einem Fenster der Beletage die Gestalt einer altersschwachen Amme, krumm vorgebeugt, im Begriff, sich die formlose Masse eines schwarzen Baumwollstrumpfes vom Bein zu streifen. Der plötzliche Anblick jenes geschwollenen Gliedes, gezeichnet von Krampfadern

108

und gestreichelt vom ungeschickten Auf und Ab der alten Hände in ihrem Bemühen, das Knäuel des Strumpfes aufzurollen, erschien mir (oh, meine begehrlichen Augen!) wie ein gräßliches und beneidenswertes Phallussymbol, umschmeichelt von einer jungfräulichen Geste. Und im selben Moment, erfaßt von einer durch die Distanz noch verstärkten Ekstase, explodierte ich röchelnd in einem Erguß biologischer Einwilligung, den das Mädchen (unvorsichtiges Küken, wie ich dich haßte!) stöhnend aufnahm wie einen Tribut an den eigenen unreifen Zauber.

Hast du je begriffen, du mein törichtes Werkzeug aufgeschobener Lüste, daß du damals die Speise vom Tisch einer anderen naschtest, oder ließ die dumpfe Eitelkeit deiner unreifen Jahre mich dir als ein feuriger, unvergeßlicher, sündenfroher Komplize erscheinen? Tags darauf abgereist mit der Familie, schicktest du mir nach einer Woche eine Postkarte mit der Unterschrift »Deine alte Freundin«. Ahntest du die Wahrheit, wolltest du mir deinen Scharfblick durch den gezielten Gebrauch dieses Adjektivs enthüllen, oder war es nur der jargonhafte Ausfall einer Gymnasiastin im Krieg mit den üblichen philologisch geschraubten Briefflloskeln?

Wie starrte ich seither zitternd auf jenes Fenster, stets in der Hoffnung, die gebrechliche Silhouette einer Greisin im Bade zu sehen! Wie viele Abende saß ich halbversteckt unter Bäumen, meiner gewohnten Ausschweifung hingegeben, die Augen unverwandt auf die hinter einem Vorhang erkennbare Schattengestalt einer zarten Muhme vor einem Teller mit Brei geheftet! Und dann die fürchterliche Enttäuschung, jäh und blitzartig *(tiens donc, le salaud!)*, wenn die

Gestalt sich dem Trug der chinesischen Schatten entzog und am Fenster erschien als das, was sie war: eine nackte Tänzerin mit strammen Brüsten und den ambraschimmernden Hüften einer andalusischen Stute!

So verbrachte ich Monate und Jahre friedlos auf der vergeblichen Jagd nach verehrungswürdigen Pärzchen, nimmermüde einer Suche ergeben, die, ich weiß es, ihren unzerstörbaren Ursprung aus dem Augenblick meiner Geburt bezog, als eine alte, zahnlose Hebamme (Resultat der vergeblichen Suche meines Vaters, der zu jener Nachtstunde keine andere gefunden hatte als diese, die schon mit einem Fuß im Grabe stand!) mich aus dem viskosen Gefängnis des Mutterschoßes befreite und mir im Licht des Lebens ihr Gesicht offenbarte – das unsterbliche Gesicht einer *jeune parque*.

Ich suche hier keine Rechtfertigungen vor euch, die ihr mich lest *(à la guerre comme à la guerre)*, doch ich möchte hier wenigstens erklären, wie schicksalhaft die Koinzidenz der Ereignisse war, die mich zu jenem Siege führte.

Das Fest, zu dem man mich eingeladen hatte, war eine schale Petting-Party von jungen Mannequins und kaum der Pubertät entwachsenen Studenten. Die geschmeidige Wollust jener willigen Mädchen, die lässige Art, wie sie im Ungestüm einer Tanzfigur ihre Brüste in offenen Blusen darboten, widerte mich an. Schon wollte ich fluchtartig jenen Ort des banalen Handels mit noch intakten Leisten verlassen, als ein schriller, fast kreischender Ton (und finde ich je den passenden Ausdruck für die schwindelerregend hohe Frequenz, das heisere Abklingen der schon ermatteten Stimmbänder *(l'allure suprême de ce cri centenaire?)*, als die bebende Klage einer uralten Frau die

Versammlung in Schweigen stürzte. Und im Türrahmen sah ich sie, sah das Gesicht der fernen Parze meines pränatalen Schocks, umgeben vom wallenden Enthusiasmus der lasziv-weißen Haare, den zusammengefallenen Körper, der sich eckig unter dem Stoff der glatten schwarzen Bluse abzeichnete, die dürren, längst unerbittlich krumm gewordenen Beine, die zarte Linie ihrer verletzlichen Schenkel unter der altmodischen Schamhaftigkeit des verehrungswürdigen Rockes.

Das fade Mädchen, das uns eingeladen hatte, rang sich demonstrativ eine Geste der Höflichkeit ab, hob die Augen zum Himmel und sagte: »Meine *nonna*« ...

Hier endet das erhaltene Manuskript. Aus den spärlichen Resten, die noch zu entziffern sind, läßt sich schließen, daß die Geschichte wie folgt weiterging. Wenige Tage später entführt Umberto Umberto die Großmutter seiner Gastgeberin und flieht mit ihr auf dem Fahrrad nach Piemont. Zunächst führt er sie in ein Heim für mittellose Senioren, wo er die Nacht mit ihr verbringt, und erfährt dabei, daß er nicht der erste in ihrem Leben ist. Bei Tagesanbruch, als er im Garten eine Zigarette raucht, wird er von einem zwielichtigen jungen Mann angesprochen, der ihn fragt, ob die Alte wirklich seine Nonna *sei. Besorgt verläßt er das Altersheim mit Nonita und macht sich auf eine schwindelerregende Wanderschaft kreuz und quer durch Piemont. Er besucht die Weinmesse von Canelli, das Trüffelfest von Alba, nimmt teil an der Parade von Gianduja in Caglianetto, am Viehmarkt von Nizza Monferrato, an der Wahl der Schönen Müllerin in Ivrea, am Sackhüpfen auf der Kirchweih von Condove.*

Am Ende dieser Irrfahrt durch die Weiten des Landes bemerkt er, daß ihm seit einiger Zeit ein junger Pfadfinder auf einer Lambretta folgt, der jede Begegnung mit ihm vermeidet. An dem Tage, als er in der Ortschaft Incisa Scappacino seine Nonita zur Pediküre bringt und sie einen Moment allein läßt, um sich Zigaretten zu kaufen, findet er sich bei der Rückkehr von der Alten verlassen: Sie ist mit dem Entführer geflohen. Er verbringt einige Monate in tiefster Verzweiflung und findet schließlich die Greisin wieder, zurück aus einem Schönheitssalon, wohin sie der Verführer gebracht hatte. Ihr Gesicht ist faltenlos, ihr Haar kupferblond gefärbt, der Mund wieder voll und blühend. Angesichts dieses Verrats wird Umberto Umberto von einem Gefühl abgrundtiefen Mitleids und stiller Verzweiflung gepackt. Ohne ein Wort zu sagen, besorgt er sich eine doppelläufige Flinte und macht sich auf die Suche nach dem Unseligen. Er findet ihn auf einem Campingplatz, wo er gerade zwei Hölzchen aneinanderreibt, um Feuer zu machen. Er schießt einmal, zweimal, dreimal auf ihn, immer daneben, bis er von zwei Priestern mit schwarzen Baskenmützen und Lederjacken ergriffen wird. In flagranti ertappt, wird er zu sechs Monaten Haft wegen unbefugten Waffentragens und Jagens außerhalb der Saison verurteilt.

(1959)

Italien 2000

Zu Ende des Jahrtausends war Italien ein Bundes-
staat geworden, der offiziell die Norditalienische Republik, den Kirchenstaat, das Königreich beider Sizilien und den Freistaat Sardinien umfaßte. Doch Itaglia,
die auf Elba erbaute Bundeshauptstadt, beherbergte
praktisch nur den IDG (Informationsdienst Gladio)*
und wurde ständig von Attentaten verwüstet, weshalb
der – übrigens verwaiste – Regierungspalast, das Haus
der Trikolore, von der Firma Portoghesi & Gregotti**
als neugotischer Bunker hatte geplant werden müssen.

Sardinien, das Aga Khan in eine riesige schwim-
mende Spielhölle mit Schwimmbecken auf den Ober-
decks (die früheren Strände dienten jetzt den Syrern
als Flottenstützpunkte) verwandelt hatte, erfreute
sich ungeheuren Reichtums.

Das Königreich beider Sizilien unter der Dynastie
der Carignano von Aosta war nach seiner Loslösung
vom Norden wieder aufgeblüht. 1995 waren die Nord-
italiener bei den blutigen Lombardischen Vespern unter Androhung von Waffengewalt gezwungen worden,
den Satz *»ent'el cü«**** zu sprechen; und alle, die *»chiù«*

---

* Eine geheime antikommunistische Sondereinheit in Italien,
die im Falle einer sowjetischen Okkupation Italiens den Wider-
stand organisieren sollte.
** Paolo Portoghesi und Vittorio Gregotti sind zwei berühmte italienische Architekten.
*** ungefähr: »Leck mich am Arsch«. So ausgesprochen in nordita-
lienischem Dialekt, »chiù« ist süditalienisch.

statt *»cü«* sagten, deportierte man über die Gotenfront. Die Zwangsemigration der Pizzabäcker hatte
zur Bildung einer Achse Posillipo–Brooklyn (Pizza
Nostra) geführt: Gewaltige Mengen amerikanischen
Weizens wurden unter Preis eingeführt, um gefüllte
Teigtaschen für den riesigen afrikanischen Markt zu
produzieren. Viele Städte der beiden Sizilien hatten
alle Statuen von Mazzini und Garibaldi sowie die Ge-
fallenendenkmäler an amerikanische Museen verkauft, und auf einer Versteigerung bei Christie's hatte
ein Nino Bixio[*] in Bronze der Gemeinde Bronte achtzig Milliarden Dollar eingebracht. Gela war zum Zentrum für den Vertrieb irakischen Erdöls geworden.

Der (vom Rubikon bis Cassino reichende) Kirchenstaat hatte die Verwaltung der Uffizien, der Vatikani-
schen Museen und des Palazzo Ducale von Urbino ja-
panischen Managern übertragen, und das neuerstan-
dene Bagnoregio war zum Weltzentrum für die Produktion der Davies geworden, kleiner Plastikstatuen
nach Michelangelo, die man als Kardinal, Husar oder
Cowboy anziehen und bei denen man Windeln wech-
seln und Zäpfchen in den Popo einführen konnte. Ein
Milliardengeschäft.

Befreit vom Druck der savoyischen Bürokratie, war
Rom ins Goldene Zeitalter zurückgekehrt, mit einem
blühenden Getto am Portico d'Ottavia, das als Frei-
hafen für die arabischen Emirate diente. Die Touristen
kamen aus der ganzen Welt, um den öffentlichen Ur-
teilsvollstreckungen beizuwohnen (besonders beliebt
das Abschneiden des Penis als Strafe für den Schmug-

---

[*] Waffengefährte Garibaldis, der in dem sizlianischen Ort
Bronte einen Bauernaufstand blutig unterdrückte.

gel mit Werken von Moravia). Der unvorhergesehene Reichtum hatte jedoch negative Auswirkungen auf die kirchliche Führungsspitze: Es war sogar herausgekommen, daß das Konklave einen brasilianischen Transvestiten unter dem Namen Moana I. zum Papst gewählt hatte.

Norditalien hingegen wurde von einer schweren Krise geschüttelt. Da es zu den Märkten des Mittelmeerraumes keinen Zugang mehr hatte, war es mit dem Problem konfrontiert, Weine nach Frankreich, Uhren in die Schweiz, Bier nach Deutschland, Computer nach Japan und das neue Modell Alfa Romiti nach Schweden verkaufen zu müssen. Die Vertreibung der Süditaliener und der Geburtenrückgang hatten zu einer industriellen Krise geführt (außer bei der Firma Pirelli, die die verbreiteten Pirlax-Kondome herstellte). Zuerst hatte man nur die Studenten der Bocconi-Universität an die Montagebänder einberufen, später gab man sich auch mit russischen Emigranten zufrieden. Die Folge war ein schleichender Rassismus: »WolgaWolga« wurde zu einer tödlichen Beleidigung, und an den Häusern tauchten Schilder auf mit der Aufschrift »Keine Vermietung an Muschiks«.

Norditalien litt unter dem »Wanderungs-Erdbeben«. Ostdeutschland hatte die türkischen Gastarbeiter vertrieben; diese waren nach Spanien gegangen, das binnen kurzem zu einem islamischen Land mit engen Geschäftsverbindungen zum Emirat Jerusalem geworden war; wegen des Andrangs von Arbeitskräften aus dem Osten hatten deutsche Arbeiter Frankreich überschwemmt (sie durchschwammen die Marne und eilten in langen Taxi-Kolonnen nach Paris), während die von Norditalien hinter die Gotenfront und von den Deutschen in Marseille zurückgedrängten afrikanischen Arbeitskräfte nach Mitteleuropa geströmt waren. Die diesen – abschätzig »Woll-du-kauf«[*] genannten – Wanderarbeitern gegenüber zunächst mißtrauischen Deutschen sahen sich schließlich gezwungen, der Bildung eines deutsch-afrikanischen Kaisertums zuzustimmen, und boten die Eiserne Krone Friedrich Aurelius Luambala I. an.

Die im Norden unter afrikanischem Druck stehende und von den Märkten im Mittelmeerraum abgeschnittene Norditalienische Republik erlebte jetzt eine Zeit des wirtschaftlichen Niedergangs. Nächtens bemalten unbekannte Hände die Standbilder ihres Begründers Bossi[**] mit dem ominösen »ent'el cü«.

(1991)

---

[*] Analogiebildung zu »Vu comprà« (auf Hochitalienisch »Vuoi comprare«–«Willst Du kaufen«), wie die ambulanten afrikanischen Händler häufig genannt werden.
[**] Generalsekretär und Begründer der Lega Lombarda, einer norditalienischen Partei mit separatistischen Tendenzen, die u. a. gegen den römischen Zentralismus kämpft.

Hunderttausend Lire, fünfzigtausend Lire: Eine Rezension zweier Noten der Banca d'Italia

Die beiden zu rezensierenden Werke können als numerierte Einzelblatt-Editionen angesprochen werden. Beidseitig bedruckt, weisen sie, gegen das Licht gehalten, auch eine kostbare Wasserzeichen-Arbeit auf, ein Erzeugnis feinster Handwerkskunst und zugleich höchster technischer Perfektion, wie es von anderen Verlagen nur selten und stets um den Preis großer Anstrengungen und riskanter Investitionen erreicht wird.

Doch obwohl sie alle Merkmale einer kostbaren Liebhaber-Edition aufweisen, sind sie in außerordentlich hoher Auflage gedruckt worden. Gleichwohl hat diese verlegerische Entscheidung nicht zu einer wohlfeilen Volksausgabe geführt, denn ihr Preis ist nicht für jeden Geldbeutel erschwinglich.

Diese paradoxe Situation, daß sie einerseits den Markt überschwemmen und andererseits nur – man verzeihe das Klischee – in Gold aufzuwiegen sind, ist kennzeichnend für die Anomalien ihrer Zirkulation. Vielleicht dem Vorbild der städtischen Bibliotheken folgend, nehmen ihre Liebhaber große Opfer in Kauf, um ein Exemplar zu besitzen und zu bewundern, überlassen es dann aber möglichst bald einem anderen Interessenten, weshalb die Werke in größter Geschwindigkeit von Hand zu Hand gehen (wobei sie sich unvermeidlich abnutzen), ohne daß jedoch ihr physischer Verschleiß zu einer Wertminderung führt.

Ja, man könnte sagen, daß der Verschleiß sie noch kostbarer macht und die Begehrlichkeit ihrer Liebhaber noch erhöht, da letztere sich nicht selten bereit finden, sogar mehr für sie zu bezahlen, als sie wert sind.

Dies mußte vorausgeschickt werden, um den hohen Anspruch der Unternehmung zu unterstreichen, die zwar breiteste Zustimmung gefunden hat, sich aber durch den inneren Wert der Werke rechtfertigen muß.

Gerade bei einer kritischen Prüfung ihrer stilistischen Werte erheben sich nun jedoch Zweifel an ihrer Gültigkeit sowie der Verdacht, die Begeisterung des Publikums könnte auf einer bloßen Täuschung beruhen oder zu Spekulationszwecken provoziert worden sein. Vor allem ist die erzählte Fabel in vieler Hinsicht inkohärent. Läßt sich auf *Fünfzigtausend Lire* das Wasserzeichenbild, das auf der Vorderseite symmetrisch gegenüber dem Porträt Leonardo da Vincis erscheint, noch als eine Hl. Anna oder eine Felsengrottenmadonna interpretieren, so ist jedoch nicht ersichtlich, welche Beziehung auf *Hunderttausend Lire* zwischen dem Wasserzeichenbild einer gräzisierenden jungen Frau und dem Porträt Alessandro Manzonis besteht. Könnte es sich um eine klassizistisch interpretierte Lucia handeln, gemalt oder in Kupfer gestochen von einem gewissen Appiani, der die Geburt der Heldin Manzonis vorausgesehen hätte? Oder sollte es – aber damit verfielen wir in die simpelste und schulmäßigste aller Allegorien – das Abbild einer Italia sein, die sich irgendwie in Beziehung zu dem lombardischen Erzähler setzt? Überschätzung der politischen Rolle des Autors der *Carmagnola*-Tragödie oder typisch avantgardistische Operation einer Reduzierung der Ideologie auf Sprache (Manzoni als Vater der italienischen Sprache und somit als Vater der Nation usw. usf. – ein gefährlicher Syllogismus nach Art der Gruppe 63!). Die narrative Inkohärenz kann den Leser nur verstimmen und jedenfalls die Geschmacksbildung unserer Jugend nur auf Abwege führen, weshalb zu wünschen ist, daß wenigstens die Minderjährigen und die minder gebildeten Schichten im eigenen Interesse von diesen Blättern ferngehalten werden.

Damit sind jedoch die inhaltlichen Inkohärenzen noch nicht zu Ende. Bei so viel Eigensinnigkeit, sei diese nun klassizistischer oder bürgerlich-realistischer Prägung (aber die Porträts der beiden Künstler und die Landschaften auf der Rückseite scheinen sich eher an den Maßstäben des plattesten sozialistischen Realismus zu orientieren – eine Konzession an die Mitte-Links-Politik?), ist nicht ersichtlich, worauf die rabiate Einfügung des exotisch anmutenden Motivs »Pagabili a vista al portatore« (»Dem Überbringer bei Vorlage auszuzahlen«) abzielt; zumal das Bild der afrikanischen Karawane und der Kolonne schwarzer Baumwollballenträger, die sich aufreihen, um etwas im Tausch für die Schmuggelware zu erhalten, Motive von Kippling oder Karl May in einen Kontext einfügt, der sich auf ganz andere literarische Modelle beziehen wollte.

Im übrigen treten die nämlichen Inkohärenzen, die sich auf der Inhaltsebene zeigen, auch auf jener der formalen Kontaminationen auf. Warum dieser realistische Ton der Porträts, während die ganze umgebende Dekoration sich klar an psychedelischen Halluzinationen inspiriert, ja sich geradezu als visuelles Tagebuch einer Reise von Henri Michaux ins Reich des Meskalins präsentieren könnte? Wirbel, Spiralen, hauchzarte wallende Gewebe – das Werk offenbart seinen halluzinatorischen Willen, seine Entschlossenheit, den Augen des Lesers eine Welt fiktiver Werte und perverser Fiktionen vorzugaukeln... Die obsessive Wiederkehr des Mandala-Motivs (jede Seite weist mindestens vier oder fünf Strahlensymmetrien unverkennbar buddhistischer Herkunft auf) verrät in dieser Schreibweise eine Metaphysik des Nichts.

Das Werk als reines Zeichen seiner selbst. Zu diesem Ende führt uns die zeitgenössische Poetik, und dies bestätigen uns diese Blätter, angesichts derer vielleicht jemand danach streben könnte, sie in einem potentiell unendlichen Band zu versammeln, dem es ähnlich erginge wie dem Großen Buch Mallarmés. Sinnloses Bestreben, denn das Zeichen, das auf andere Zeichen verweist, vergeudet sich in der eigenen Nichtigkeit, hinter der – wie wir fürchten – keinerlei konkreter Wert mehr steht.

Ein extremes Beispiel für die kulturelle Depravation unserer Tage, und darum scheint uns die große Zustimmung, mit der das Publikum diese Werke aufgenommen hat, nichts Gutes zu verheißen: Die Freude am Neuen maskiert die Ästhetik des Veraltens und der Entwertung, ergo des Verbrauchs und Verfalls. Als barockes Spiel *in extremis*, verwaltet von einem manieristischen Schatzmeister, scheint uns das numerierte Exemplar, das wir vor Augen haben, durch seine Nummer auch noch die Möglichkeit eines persönlichen Besitzes zu versprechen. Illusion, denn wir wissen, daß die Freude an der intellektuellen Ausschweifung den Betrachter sehr schnell dazu bringen wird, sich nach anderen Kopien und Exemplaren umzusehen, wie um durch permanenten Tausch jene Garantien zu erlangen, die ihm das einzelne Exemplar nicht zu geben vermag. Als Zeichen in einer Welt von Zeichen ist somit jedes dieser Werke ein Mittel, uns von den realen Dingen abzulenken. Ihr Realismus ist trügerisch, so wie ihr psychedelischer Avantgardismus tiefer gehende Entfremdungen überdeckt. Danken wir gleichwohl dem Verlag, daß er uns die Rezensionsexemplare gratis überlassen hat.

(1967)

Quellen

»Welche Schande, wir haben keine Feinde!« aus L'Espresso, Rom 1997

»Mailand–Bologna, ein Irrer fährt auf der Autobahn« aus *Das alte Buch und das Meer*, München/Wien (Carl Hanser Verlag) 1995

»Kirche und Industrie. Versuch einer historisch-sozioökonomischen Interpretation Italiens« aus *Platon im Striptease-Lokal*, München/Wien (Carl Hanser Verlag) 1990

»Wie man einen verlorenen Führerschein ersetzt« aus *Wie man mit einem Lachs verreist*, München/Wien (Carl Hanser Verlag) 1993

»Wie man das Mobiltelefon nicht benutzt« aus *Wie man mit einem Lachs verreist*, a.a.O.

»Wie man Telegramme in den Papierkorb entsorgt« aus *Il secondo diario minimo*, Milano (Bompiani Editore) 1992

»Hiermit erkläre ich, in welchem Sinne ich meine, daß Fußball eine sexuelle Perversion ist«, aus L'Espresso, Rom 1994

»Das ›Wilde Denken‹: Feldforschungsbericht über die Mailänder Eingeborenen« aus *Platon im Striptease-Lokal*, a.a.O.

»Das Schöne daran, es ist live« aus *Gesammelte Streichholzbriefe*, München/Wien (Carl Hanser Verlag) 1990/1995

»Alessandria. Den Nebel verstehen« aus *Wie man mit einem Lachs verreist*, a.a.O.

»San Baudolino« aus *Wie man mit einem Lachs verreist*, a.a.O.

»Schulen des Lebens« aus *Gesammelte Streichholzbriefe*, a.a.O.

»Italien ist wie ein Mississippi-Dampfer: Beim Pokern gewinnt, wer schneller zieht« aus L'Espresso, Rom 1997

»Fred Astaire und Ginger Rogers haben die italienische Politik erfunden« aus L'Espresso, Rom 1995

»Die Modi der kulturellen Moden« aus *Über Gott und die Welt*, München/Wien (Carl Hanser Verlag) 1985; zuerst 1967 erschienen.

»Phänomenologie des Quizmasters (Mike Bongiorno)«, aus *Platon im Striptease-Lokal*, a.a.O.

»Multiples Drehbuch für Luchino Visconti« aus *Platon im Striptease-Lokal*, a.a.O.

»Multiples Drehbuch für Antonioni« aus *Platon im Striptease-Lokal,* a.a.O.

»Alighieri, Dante: ›Die Göttliche Komödie‹. Ein Lektoratsgutachten« aus *Platon im Striptease-Lokal,* a.a.O.

»Frauen, tut, was Dante sagt: Bleibt, wo ihr hingehört!« aus L'Espresso, Rom 1993

»Wie man Eis ißt« aus *Wie man mit einem Lachs verreist,* a.a.O.

»Wie man ein Inventar erstellt« aus *Wie man mit einem Lachs verreist,* a.a.O.

»Nonita« aus *Platon im Striptease-Lokal,* a.a.O.

»Italien 2000« aus *Wie man mit einem Lachs verreist,* a.a.O. Übersetzt von Günter Memmert.

»Hunderttausend Lire, fünfzigtausend Lire: Eine Rezension zweier Noten der Banca d'Italia« aus *Diario minimo,* Milano (Bompiani Editore) 1992

Mit Wagenbach nach Italien

Nach Italien! *Anleitung für eine glückliche Reise*
»Eine intelligent zusammengestellte Anthologie, die auf zwang-
lose Weise das Belehrende eines Reiseführers mit dem Unter-
haltenden der Glosse und der literarischen Skizze verbindet – so
erscheint Italien in einer erstaunlichen Anzahl von Facetten.«
Neue Zürcher Zeitung
Herausgegeben von Klaus Wagenbach
SVLTO. Rotes Leinen. 144 Seiten mit vielen Abbildungen

Luigi Malerba   Das griechische Feuer   *Roman*
Malerbas erfolgreicher Roman spielt zur Blütezeit von Byzanz.
Er handelt von der Macht und ihren Intrigen, einer männersüch-
tigen Kaiserin und einer Geheimwaffe, die »über das Wasser
laufen« kann.
Aus dem Italienischen von Iris Schnebel-Kaschnitz. WAT 437. 216 Seiten

Ermanno Cavazzoni   Kurze Lebensläufe der Idioten
Kalendergeschichten
Das närrischste und heiterste Buch des emilianischen Erzählers,
voller Sprichwörter und Lebensweisheiten.
*»Mit diesem Buch gehören auch wir Deutschen endlich zu denen, die
Cavazzoni das Lachen lehrt.«*   Der Spiegel
Aus dem Italienischen von Marianne Schneider. WAT 527. 144 Seiten

Andrea Camilleri   Was ist ein Italiener?
Der Italiener gefällt sich und seinem Gegenteil – ein ironisches,
heiteres, giftiges Portrait des heutigen Italieners.
Aus dem Italienischen und mit Kommentaren von Peter Kammerer
WAT 630. 80 Seiten

Tiziano Scarpa   Venedig ist ein Fisch
Tiziano Scarpa führt uns durch seine Heimatstadt und läßt uns
Venedigs Stadt- und unsere Körperteile neu entdecken.
*»Ein Venedig-Führer für alle Sinne, wie man ihn sich schon im-
mer gewünscht hat.«*   Alexandra Wacht, Mare
Aus dem Italienischen von Olaf Roth. WAT 433. 120 Seiten

Politik, Geschichte und Kulturgeschichte

Andrea Camilleri   Italienische Verhältnisse

Die triftigsten Einwände gegen die Mafia, die Korruption, das Fernsehen und das telefonino.

»In der Vielfalt und Bandbreite dieser Texte spricht sich ein unabhängiger Geist aus, den man gern in Deutschland nachzüchten würde.«   Andreas Kilb, Frankfurter Allgemeine Zeitung
Herausgegeben von Klaus Wagenbach
A. d. Ital. von Friederike Hausmann und Moshe Kahn. WAT 524. 144 S.

Pier Paolo Pasolini   Freibeuterschriften

Die Zerstörung der Kultur des Einzelnen durch die Konsumgesellschaft

Pasolinis Streitschriften sind ein Wendepunkt in der Diskussion über den »Fortschritt«: Warum verschwinden die Glühwürmchen? Ist der Untergang der bäuerlichen Welt Völkermord? Wie herzlos ist Aufklärung? Der gefeierte Ungehorsam – ist er so destruktiv wie unsere Welt?
Hrsg. v. Peter Kammerer. A. d. Ital. von Thomas Eisenhardt. WAT 317. 176 S.

Friederike Hausmann   Kleine Geschichte Italiens

Von 1943 bis zur Ära nach Berlusconi

Eine nach den Wahlen im April 2006 aktualisierte und erweiterte Neuausgabe des zum Standardwerk gewordenen Buches.

»Ein handliches, ebenso sachkundiges wie lesbares Buch, das den Schlüssel zu Italien liefert.«   Hansjakob Stehle, DIE ZEIT
WAT 550. 256 Seiten mit sämtlichen Wahlergebnissen und Regierungen sowie einem Register

Paul Ginsborg   Berlusconi

Politisches Modell der Zukunft oder italienischer Sonderweg?

Berlusconis Werdegang von der Geburt bis heute, vom dunklen Entstehen seines Immobilien-Imperiums in den sechziger und des Fernseh-Imperiums in den achtziger Jahren, von seinem Eintritt in die Politik bis hin zu den erstaunlichsten Rechtsbeugungen.
Aus dem Englischen von Friederike Hausmann
WAT 497. 192 Seiten mit einer Chronik

Fernand Braudel   Modell Italien 1450–1650
In seiner glänzend geschriebenen »majestätischen Gipfeltour«
beschreibt Braudel die Größe Italiens und seine nachhaltige
Wirkung – von der Renaissance bis zum Barock – auf die Welt.
»Alle menschlichen Gesellschaften erleben ihren Niedergang
und ihren Fall, alle, sage ich.«
Aus dem Französischen von Sieglinde Summerer und Gerda Kurz
WAT 457. 240 Seiten

Brunello Mantelli
Kurze Geschichte des italienischen Faschismus
Brunello Mantelli beschreibt, wie der italienische Faschismus
in den zwanziger und dreißiger Jahren Vorbild und Muster für
den deutschen Nationalsozialismus und anderere europäische
Faschismen wurde und stellt Hitler als Schüler Mussolinis dar.
Aus dem Italienischen von Alexandra Hausner. Deutsche Erstausgabe.
WAT 300. 192 Seiten mit vielen Abbildungen

Friederike Hausmann   Garibaldi
Die Geschichte eines Abenteuerers, der Italien zur Einheit verhalf
Giuseppe Garibaldi ist bis heute eine der faszinierendsten Gestal-
ten des Risorgimento, der Bewegung für die Einheit Italiens. Die
Biographie des Freiheitskämpfers, Abenteurers und Frauenhelden
ist zugleich eine Geschichte Italiens im 19. Jahrhundert. Garibaldis
»Zug der Tausend« nach Sizilien versetzte ganz Europa in fassungs-
loses Erstaunen.
Erweiterte Neuausgabe. WAT 335. 208 Seiten mit vielen Abbildungen

Horst Bredekamp   Florentiner Fußball
Ein überaus originelles Buch zur Kultur der Renaissance und zur
Wiege des Fußballs in seinem heimlichen Mutterland Italien.
*»Eine profunde kulturhistorische Analyse mit allem, was dazuge-
hört!«*   Christof Siemes, DIE ZEIT
WAT 397. 240 Seiten mit vielen Abbildungen

Wenn Sie mehr über den Verlag und seine Bücher wissen möchten,
schreiben Sie uns eine Postkarte (mit Anschrift und ggf. email). Wir ver-
schicken immer im Herbst die *Zwiebel*, unseren Westentaschenalmanach
mit Gesamtverzeichnis, Lesetexten aus den Büchern und Photos.
Kostenlos!
Verlag Klaus Wagenbach   Emser Str. 40/41 10719 Berlin
www.wagenbach.de

Eine leidenschaftliche Liebes-erklärung an das Lesen

Das Buch: Die größte Erfindung der Menschheit. Zu diesem Schluss kommen Umberto Eco und Jean-Claude Carriere, die zusammenkamen, um sich über die Zukunft des Buches zu unterhalten. In einer rasanten Reise durch die Zeit, von der Papyrusrolle über Gutenberg bis zum E-Book sprechen sie über die Faszination von Bibliotheken, welche Bücher sie vor dem Feuer retten würden, und über die Frage, ob es Sinn macht, *Krieg und Frieden* als E-Book zu lesen. Die originellen, unterhaltsamen und höchst informativen Anekdoten der beiden Passionierten sind ein Muss für alle, die das Buch als Gegenstand lieben.

Aus dem Französischen von Barbara Kleiner
288 Seiten. Gebunden

www.umberto-eco.de
HANSER